CULTURA MASÓNICA

Revista temática de francmasonería

CULTURA MASÓNICA es una revista trimestral de carácter temático en formato libro. En cada número se aborda en profundidad un aspecto de la masonería de la mano de auténticos especialistas en la materia. Su rigurosidad a lo largo de años de trabajo metódico y puntual la han convertido en una de las mejores publicaciones de masonería del mundo.

CULTURA MASÓNICA
Revista temática de masonería

N.º 56 | Enero 2024

Al servicio de la
FRANCMASONERÍA UNIVERSAL

© Editorial MASONICA®
www.masonica.es

ENTREACACIAS, S.L.
[Sociedad editora]
  c/Covadonga, 8
  33002 Oviedo-Asturias (España)

      info@masonica.es
      pedidos@masonica.es
      admin@masonica.es
      redes@masonica.es

ISSN: 2171-1968
ISBN (edición impresa): 978-84-19985-32-3
ISBN (edición digital): 978-84-19985-33-0
Depósito Legal: AS 00238-2021

Ilustración de cubierta:
Reunión de la Royal Society en Somerset
House en el Strand.
Grabado de H. S. Melville, 1844

Impreso por Podiprint
Impreso en España

DIRECTOR
David Suárez Dorta

EDITOR
Ignacio Méndez-Trelles Díaz

DISEÑO EDITORIAL
Oliver Méndez-Trelles Pattist

REDES/COMUNICACIÓN
Marta Tejedor

ENSAYISTAS
Eduard Berga Salomó
Joan Fonts i Vives
Juan Almirall Arnal
Oscar Via Grau
Rui Lomelino de Freitas

SUMARIO
Año XVI / N.º 56 / ENERO 2024

EDITORIAL   5

UTOPÍAS Y CÍRCULOS INTELECTUALES DEL SIGLO XVII   9
   Juan Almirall Arnal

LA ROSACRUZ, COMENIUS Y LA MASONERÍA   27
   Eduard Berga Salomó

LA ROYAL SOCIETY Y LA NUEVA CIENCIA   47
   Juan Almirall y Óscar Via

ORÍGENES DEL GRADO MASÓNICO DE CABALLERO ROSACRUZ 69
   David Suárez Dorta

CIENCIA ESPIRITUAL, TEOSOFÍA Y ROSACRUZ   87
   Rui Lomelino de Freitas

EL RITO ANTIGUO Y PRIMITIVO DE MEMPHIS-MISRAÏM   101
   Oscar Via Grau

LA INICIACIÓN CONTEMPORÁNEA   121
   Joan Fonts i Vives

LA RESPETABLE LOGIA PORTA DE DENDERAH, ORGANIZADORA
   DEL CICLO DE CONFERENCIAS «CIENCIA Y MÍSTICA»   131
   Juan Almirall

CIENCIA Y MÍSTICA

El presente número se trata un tema tan importante como es el vínculo entre masonería e ilustración. La revolución científica, cuando comenzó, allá por el siglo XVI, permitió que llegáramos hasta donde hoy estamos como civilización. Por supuesto, en especial en lo referente a la tecnología. En ese proceso, los agentes implicados eran personajes que también mostraban un gran interés por disciplinas fuera del ámbito de la ciencia, como eran la magia, la cábala, la astrología, el hermetismo...

Con todo ello, la impronta de dicha Revolución, al menos en sus primeros momentos, contenía también elementos de tales disciplinas. En ese devenir, surgió la masonería, de la mano de individuos con aquellos mismos intereses. Con el desarrollo de la Orden, igualmente desde personajes vinculados a la Ilustración, así como a dichas áreas fuera de la ciencia, se fue creando el edificio complejo que hoy representa el mundo de las logias, ritos, altos grados, capítulos...

Por ello, dedicamos este ejemplar a unas jornadas realizadas en 2023, y organizadas por la Logia Porta de Dendera, que expusieron y profundizaron en diferentes aspectos de lo que hemos nombrado.

Además, tales actividades, tuvieron como marco la Biblioteca Arús de la ciudad de Barcelona. Sin duda, el mejor lugar para tratar de la forma más adecuada esta temática.

Como podrán ver, nos referimos a aspectos como el trabajo de Juan Amós Comenio, las utopías del siglo XVII, la creación de la Royal Society, la aparición del grado rosacruz en la masonería, la relación entre ciencia y espiritualidad, el rito egipcio, así como el proceso de Iniciación en la actualidad.

Esperamos que el presente trabajo sea del agrado de los lectores, y anime a otros a ahondar en los orígenes de nuestra civilización, y así no perder de vista cuáles eran los objetivos que nuestros antepasados tuvieron al ir desarrollando el mundo que hoy disfrutamos. ♦

DAVID SUÁREZ DORTA

Grabado del artista británico Thomas Sutherland que muestra el interior
del Salón Rojo de Carlton House, Londres, 1816.

Juan Almirall Arnal

Licenciado en Derecho y Filosofía, Doctor en Filosofía, especializado en Neoplatonismo y Hermetismo. Es profesor de Filosofía Oriental, Hinduismo y Budismo, formador de profesores de yoga, también imparte clases de yoga y meditación. Fue miembro del Lectorium Rosicrucianum y conferenciante de la Fundación Rosacruz, del que fue fundador y bibliotecario de la Biblioteca Rosacruz de Barcelona. Miembro fundador de la Respetable Logia Porta de Denderah número 84 de la Gran Logia Simbólica Española, donde trabajan el Rito Antiguo y Primitivo de Menfis Misraim. Es autor del libro *Contradicciones de un yogui occidental* de Editorial Kôan.

UTOPÍAS Y CÍRCULOS INTELECTUALES DEL SIGLO XVII

Juan Almirall Arnal

Inspiradas en Utopía de Tomás Moro, en el siglo XVII, aparecerán nuevas formas de imaginar una sociedad utópica, en ellas el centro de la vida social es un Colegio o Universidad donde se cultivan las ciencias tradicionales y la nueva experimentación científica. Estas utopías serán los manifiestos rosacruces, la *Descripción de la República Cristianópolis* de Johann Valentin Andreae, *La Ciudad del Sol* de Tommaso Campanella y *New Atlantis* de Sir Francis Bacon. Todas ellas inspiraron a distintas asociaciones a lo largo del siglo XVII y principios del XVIII como fueron las societas cristianas de Johann Valentin Andreae, el Invisible College de Samuel Hartlib, la Royal Society y la francmasonería de los Modernos. A lo largo de la historia del siglo XVII se pueden encontrar algunos acontecimientos que ponen de manifiesto la existencia de un intento de Reforma General del Saber que dio lugar a la creación de estas organizaciones, algunas de las cuales han sobrevivido hasta nuestros días, como la Royal Society y la francmasonería. Y mientras la primera ha sido pionera en el desarrollo de las ciencias modernas, la segunda ha conservado en sus rituales y simbología algunos de los elementos propios de los primeros pasos de la ciencia tal como hoy la entendemos.

PRÓLOGO

Un tema muy poco estudiado y conocido, sobre todo en el marco de la moderna masonología es la tremenda influencia de los círculos intelectuales e ideas del siglo XVII en la masonería de los Masones Libres y Aceptados (Free & Accepted Masons), lo que hoy se conoce como masonería Especulativa. La herencia ritual y simbólica de la masonería especulativa ha llegado hasta nuestros días y ha servido de inspiración a infinidad de modernos movimientos espirituales e intelectuales de nuestra actualidad. Todavía hoy se puede disfrutar de rituales masónicos donde se es purificado por los cuatro elementos, la tierra, el agua, el aire y el fuego, o donde se recibe instrucción sobre el Trivium y el Quadrivium, las siete Artes Liberales, que eran cuatro disciplinas matemáticas: la Geometría, la Aritmética, la Música o Armonía y la Astronomía, y tres relacionadas con el lenguaje y el discurso: la Gramática, la Retórica y la Dialéctica o Lógica, artes cultivadas por las personas libres, por oposición a las artes serviles propias de los siervos. Estos son algunos de los elementos simbólicos que todavía hoy aparecen en los rituales masónicos y que solamente con una cierta erudición se puede desentrañar su sentido.

Lo cierto es que muchas de estos símbolos proceden de una visión de la ciencia y el conocimiento en general, mucho más antiguos, que encontraron su última expresión y formulación en el siglo XVII y que a partir de aquel momento fueron perdiendo vigencia y protagonismo, hasta desaparecer completamente, conservándose su recuerdo en estos extraños y anacrónicos elementos simbólicos del ritual masónico. Pero que en el fondo constituyen un legado de un valor intelectual y espiritual incalculable, pues como hemos dicho, han servido de inspiración a innumerables movimientos espirituales hasta nuestros días. Las Artes Liberales, por ejemplo, proceden de la antigüedad clásica y fueron las primeras disciplinas de nuestro saber, objeto principal de estudio en las primeras Universidades de la Edad Media, junto a la Teología y el Derecho. Para Dante Alighieri estas Artes Liberales formaban juntas una séptuple escalera que permitía el ascenso por los siete cielos y eran una forma de elevación del alma humana hasta las regiones celestiales donde moraba la divinidad. El estudio de las Artes Liberales perduró hasta el siglo XVII, en el que todavía formaban parte del conjunto de saberes más completo que toda persona con educación y formación debía tener.

Otros dos elemento simbólicos de gran importancia en la logia masónica y de origen oscuro son el famoso Triángulo con líneas a modo de rayos de luz con un punto o un ojo en el centro, conocido como el Delta luminoso y la Estrella Flamígera, una estrella de cinco puntas rodeada de llamas de fuego y con una letra G en el centro. Estos populares símbolos masónicos los podemos encontrar en la literatura e iconografía mística y alquímica del siglo XVII. Hay que tener en cuenta, que en esta época la nueva ciencia se está abriendo camino y encuentra nuevos argumentos para cuestionar la visión aristotélica de la física y de la astronomía, que la escolástica académica intentan perpetuar, dado que la Teología se apoyaba en la cosmología aristotélica. Desmontar el paradigma cosmológico suponía desmantelar la idea teológica de la Creación. Pero a principios del siglo XVII aparecieron nuevas estrellas en el cielo, en particular dos supernovas, que desmontaban la idea de la inmutabilidad de los cielos, tal como sostenía el pensamiento antiguo y la Teología escolástica. De estos acontecimientos se hacen eco los manifiestos rosacruces de los años 1614 y 1615: «El Señor Dios ya había enviado anteriormente a ciertos mensajeros para dar testimonio de su voluntad, a saber, unas estrellas nuevas que aparecen y pueden verse en el firmamento, en las constelaciones del Serpentario y del Cisne, que se revelaron y dieron a conocer a todos como poderosas signacula de asuntos de gran importancia» (*Confessio Fraternitatis*).

En 1606 Johannes Kepler había publicado *De Stella nova in pede Serpentarii: De Stella incognita Cygni*, en Praga. Y en la Fama se habla de personajes que fueron el punto más alto del trigono igneo, cuyas llamas lucen cada vez con más claridad y que, sin lugar a dudas, encenderán para el mundo la última luz (*Fama Fraternitatis Rosae Crucis*). Estos son los elementos simbólicos que todavía hoy encontramos en las logias masónicas, en la forma de un triángulo o delta luminoso, el triángulo de fuego de los rosacruces y la Estrella Flamígera que alude a las supernovas, pero que nadie reconoce en ellos las referencias a aquella antigua tradición, que se desplegó en el Renacimiento tardío y que integra ideas de los primeros pasos de la Ciencia moderna, en un contexto mágico-hermético, junto con el puritanismo de la Reforma Protestante y que auguraba una nueva época, donde algunos sueños volcados en textos utópicos, parecían poder hacerse realidad en aquel momento.

Todo ello constituye patrimonio de una visión de la ciencia del pasado que se ha conservado en los movimientos iniciáticos del presente, en particular en la masonería Especulativa, que es el tronco y la matriz de muchos otros movimientos espirituales que han encontrado en ella los símbolos y ritos que los vinculaban a la más profunda tradición espiritual de Occidente, como son la Teosofía de Mme. Blavatsky y la Antroposofía del Rudolf Steiner. La masonería ha conservado las tres corrientes místicas que enlazan los mitos y leyendas iniciáticas de Europa y Occidente, en particular, los mitos caballerescos que culminaron con la Orden del Templo, la Caballería Cristiana, junto con la utópica Fraternidad Rosacruz de Sabios que gobernaban la sociedad perfecta, según el sueño de Platón y que Tomás Moro actualizó en su obra Utopía publicada a principios del siglo XVI, precursora de otras tantas fantasías utópicas de las que veremos algunas a lo largo de este estudio. Por último, el mito de la construcción del Templo de Salomón, el rey sabio que supo seguir los dictados y los planos trazados por el Sublime Arquitecto del Universo y construir una casa a imagen de los cielos, donde podía habitar la divina presencia, este mito mezclaba una de las Artes Liberales, la Geometría, con un oficio, el oficio de Masón o constructor, tal como lo entendían los antiguos estatutos del gremio de los geómetras o constructores de catedrales.

ILUMINISMO ROSACRUZ

Un estudio muy importante y precursor, pero que ha sido bastante maltratado por los académicos modernos, es la obra *El iluminismo rosacruz* de Frances A. Yates, que fue durante algún tiempo muy popular y sin duda muy inspirador en la fecha de su aparición en el año 1972. De dicho libro escuché que lo único acertado era su título pues reconocía un cierto antecedente de la Ilustración en la propuesta iluminista de los rosacruces en el siglo XVII. El resto de la obra ha sido muy criticada, pero sin duda, como otras obras de Yates, ha servido de inspiración a estudios más precisos y detallados. Lo cierto es que la obra da cobertura a la historia espiritual de prácticamente todo el siglo XVII. Este periodo comienza con la quema en la hoguera del Campo di Fiore de Roma del filósofo copernicano Giordano Bruno, por hereje impenitente, y la boda real a principios del año 1613 de Federico V, Príncipe Elector del Palatinado del Rin con la princesa Isabel Estuardo, hija de Jacobo I Estuardo, Rey de Inglaterra y Escocia, y terminó con la fundación de dos de los círculos intelectuales más importantes del XVII, la Royal Society en 1660 y la Orden de los Free & Accepted Masons. Esta última se distingue claramente de los masones tradicionales pertenecientes a los gremios y guildas medievales. De estas dos organizaciones hablaremos con algo más de detalle más adelante. Durante el siglo XVII se publicaron distintas fábulas utópicas, como fueron la *Fama Fraternitatis de la loable Orden de la Rosacruz a todos los ilustrados y dirigentes de Europa, 1614, Descripción de la República Cristianópolis* de Johann Valentin Adreae 1619, *La ciudad del Sol* de Tommaso Campanella 1623, y la obra inclusa de Sir Francis Bacon *La nueva Atlántida*, publicada en 1626. Obras todas ellas que contenían las ideas inspiradoras de los movimientos que se formaron en la segunda mitad del siglo, como fueron la primera sociedad científica, la Royal Society y la francmasonería, una sociedad de libre pensadores con vocación universalista, que comenzará su despliegue a principios del siguiente siglo.

Ciertamente, la obra de Yates parece bastante novelada y continúa con sus hipótesis relativas a que ciertos influyentes personajes de los siglos XVI y XVII jugaron un papel doble, cultural y político, ya apuntado en otras obras de la autora. Giordano Bruno, el filósofo y mago, con sus viajes por Europa, al igual que el astrólogo y mago John Dee, viajaron por Europa en momentos clave, poniendo la semilla de una Unión Protestante que además se inspiraba en la Filosofía Hermética de Dee[1], que en su época parecía vinculada a todos los avances de la naciente ciencia moderna, con el heliocentrismo copernicano como paradigma principal. En *El iluminismo rosacruz*, Yates completa su hipótesis con nuevos personajes que jugaron un papel principal en el movimiento científico del XVII y la Guerra de los Treinta Años que asoló Europa durante gran parte de dicho siglo, como fueron el príncipe Christian de Anhalt, consejero del Elector Palatino y el teólogo e ilustrado Johann Valentin Andreae, presunto autor

---

[1] Yates, Frances A., *La filosofía oculta en la época isabelina*, Fondo de Cultura Económica, México, 2001.

de la *Fama Fraternitatis* de los rosacruces y autor declarado de la utopía *Cristianópolis* de la que hablaremos más adelante.

Hemos de hacer un apunte antes de seguir adelante en lo relativo a la ciencia naciente en el siglo XVII. Hasta el Renacimiento la ciencia medieval estaba determinada por las Artes Liberales básicamente, a las que se sumaban los tratados de Aristóteles sobre Física y Astronomía, con algunas obras naturalistas igualmente de autores clásicos. Todo ello comprendía el más amplio concepto de Filosofía Natural, que trataba del Mundo, la Creación, mientras que la Teología se ocupaba de las cosas divinas. Los legendarios libro T de teología y el libro M sobre el mundo eran supuestamente los compendios de ciencia de todas las cosas mundanas y divinas, siendo Aristóteles el autor que mejor explicaba las cosas del mundo. Aristóteles como la mayor parte de los filósofos de la antigüedad clásica era geocentrista y consideraba que el cielo estaba formado por esferas de éter, el quinto elemento, que rodeaban la tierra. La ciencia moderna aparece con el cambio de paradigma astronómico, Copérnico describe a finales de la primera mitad del siglo XVI una nueva distribución del cielo con el sol en el centro. Las primeras reacciones sobre la teoría de Copérnico fueron prudentes, el heliocentrismo parecía meramente una teoría matemática, pero no cosmológica. No será hasta que Giordano Bruno y algunos otros autores, sostengan contra corriente que el heliocentrismo obligaba a cambiar la concepción del cosmos, y se posicionen a favor de una nueva cosmología, al principio desde un punto de vista más teórico que científico. El avance de la ciencia vendrá de la mano de Kepler y Galileo a principios del siglo XVII. Ahora bien, estos autores dictan sus primeras leyes físicas en un entorno donde la ciencia convive con la magia. John Dee mago y astrólogo isabelino, es también un gran matemático y escribe un prefacio a la edición inglesa de los Elementos de Geometría de Euclides de 1570. Por tanto, la ciencia en pañales de principios del siglo XVII todavía es muy deudora de las Artes Liberales medievales y de las nuevas corrientes herméticas y mágicas que intentan desmarcarse de los rigores del aristotelismo escolástico. Así que en el siglo XVII cuando hablamos de Ciencia o Filosofía Natural estamos hablando de ciencia copernicana, alquimia, el Quadrivium matemático, la astrología, el hermetismo. El propio Kepler sostiene la naturaleza predictiva de las relaciones angulares entre los planetas en el Zodíaco; Tommaso Campanella, gran defensor de las tesis de Galileo, era también conocido por sus trabajos en astrología predictiva, y no digamos Giordano Bruno con sus teorías sobre magia. No será hasta la publicación del *Novum organum*, 1620, de Francis Bacon que no tendremos una nueva lógica aplicable al método experimental inductivo como el fundamento de la nueva ciencia y que irá destruyendo los saberes antiguos que no se apoyaban en la experimentación. El siglo XVII es un siglo clave en la aparición de la nueva ciencia construida a partir del paradigma copernicano, pero todavía muy mezclado con el Hermetismo y otras prácticas místicas.

Ahora bien, ni la ciencia experimentó grandes avances ni los descubrimientos u obras científicas tuvieron una rápida divulgación. Fueron los círculos intelectuales de la época los que primero se fueron haciendo eco de los pasos que se estaban dando en el campo de las ciencias. Y estos círculos intelectuales, al igual que los del Renacimiento estaban, por lo general, patrocinados por algún príncipe mecenas y dirigidos por alguna personalidad fuerte y muy erudita, como fueron los citados príncipe Christian de Anhalt y el muy erudito Johann Valentin Andreae. Este último autor es una personalidad que despunta con gran relevancia en el siglo XVII, impulsor de una forma de pensar y trabajar que será fundamental en los posteriores desarrollos de la ciencia del siglo XVII.

Johann Valentin Andreae, nacido en el Ducado Württemberg, vivió entre 1586 y 1654 toda la Guerra de los Treinta Años, en el epicentro de la misma. En el año 1614, fecha de la primera publicación de la Fama Fraternitatis era un estudiante de teología en la Universidad de Tübingen, miembro de un grupo de intelectuales en torno a la figura de Tobías Hess, jurista, médico paracelsiano y alquimista. Esta «societas» o círculo de amigos de Hess, fraguará un plan de Reforma que va más allá de la teología, suma la nueva ciencia desde una visión hermética y paracelsiana en una Reforma General que incluye también los saberes del mundo y la nueva Ciencia.

Para poner en marcha el plan era preciso convocar a todos los ilustrados y dirigentes de Europa. La idea era formar una Fraternidad de sabios y eruditos que llevaran a cabo una Reforma General del saber. Esta es la temática principal de la Fama Fraternitatis, la llamada de la muy elogiable Orden de la Rosacruz a todos los eruditos de Europa, obra que compusieron los miembros del círculo de Tübingen.

Lo primero que llama la atención la *Fama* es su referencia a la *stella nova* que en el cielo ha aparecido y otras nuevas estrellas, vistas por diferentes astrónomos, como Kepler o Galileo, lo que constituye un hecho irrefutable de que la visión aristotélica del mundo estaba equivocada, de que hay movimientos y cambios en el cielo y que estos movimientos son signos claros de nuevos descubrimientos y revelaciones, que ponen de manifiesto la necesidad de una Reforma General de las ciencias y las artes, en su tiempo muy imperfectas. Los primeros rosacruces eran arquitectos y matemáticos, por lo que construyeron un templo, la Morada Sancti Spiritus, con una cripta para albergar la tumba del Hermano C.R.C. (Christian Rosacruz) que se había conservado incorrupto. La obra sin duda es una invitación a los eruditos y dirigentes de Europa para que se unan a la respetable Orden de los rosacruces para compartir la sabiduría y la ciencia, y llevarlas a su máximo desarrollo, este es el propósito de esta nueva Reforma. Yates mantiene que el círculo creador de la leyenda de los rosacruces estaba adelantando el programa político de la conquista del Imperio, comenzando con la corona de Bohemia, por parte del Elector Palatino Federico y su esposa Isabel Estuardo, de la mano del consejero Cristian de Anhalt, un factor que viene reforzado por el tercer manifiesto *Las Bodas Químicas de Christian Rosacruz* donde parece recrear las bodas reales del elector y la princesa Estuardo unos años antes de la publicación y la aventura de Bohemia con la que dio comienzo la tragedia de la Guerra de los Treinta Años. Los años que siguieron a la publicación de los manifiestos rosacruces dieron lugar a una gran cantidad de respuestas tanto a favor como en contra a la invitación de la *Fama*. Muchos eruditos de Europa respondieron a la llamada. Pero la Orden permaneció en silencio, como atestiguaba uno de sus más fervientes admiradores en Alemania, Michael Maier que publicó *Silentium post clamores* en 1617.

La figura de Johann Valentin Andreae no termina con la euforia de la Rosacruz. Unos años después de la publicación de los manifiestos, Andreae publica *La Torre de Babel o el caos de los juicios sobre la Fraternidad de la Cruz de Rosas* (1619). Y en el mismo año publica la obra utópica *Descripción de la República Cristianópolis* y funda una «societas christiana», desentendiéndose de la aventura rosacruz, que había comenzado a ser difamada por la propaganda de las fuerzas imperiales de los Habsburgo, que definitivamente lograron imponerse al intento del elector palatino de subir al trono imperial y hacer cambiar de rumbo al Imperio Romano Germánico, gobernado por la corriente católica y reaccionaria, que se oponía a la Reforma Protestante y a la nueva Reforma Científica, propuesta por los rosacruces.

Tras la Paz de Westfalia en 1648, Andreae es uno de los teólogos más prominentes e influyentes del Ducado de Württemberg y predicador de la Corte de Stuttgart. En esta época mantendrá una intensa correspondencia con el Duque Augusto el joven de Braunschweig-Lüneburg, así como con un gran número de intelectuales de toda Europa, entre los que encontramos a Samuel Hartlib, influyente erudito durante la Old Commonwealth inglesa, y a Jan Amos Comenius, filósofo bohemio divulgador de la Pansofía, ambos fundadores de círculos intelectuales y utópicos inspirados en la *New Atlantis* de Francis Bacon. Andreae es sin duda una de las personas más ilustradas de su tiempo y un modelo y referente para los intelectuales de su época. Se mantendrá informado e informará al Duque Augusto de todas las novedades y progresos en el campo de las Ciencias y las Artes, así como en cuestiones teológicas. Vivió fiel al ideal de Reforma no solo religiosa sino también la Reforma de las Ciencias que pretendían los autores de los manifiestos rosacruces, y que también era el sueño entusiasta del Elector Palatino y su consejero el príncipe Christian de Anhalt, en una cruzada que se vio frustrada por las fuerzas de la reacción católica encarnadas por la Casa de los Habsburgo y simbolizado por el águila bicéfala que aplastaba al León de Invierno.

UTOPÍAS

A principios del siglo XVI, un siglo antes, concretamente en el año 1513 se difunde la obra *El Príncipe* de Nicolás de Maquiavelo, donde se pone en valor la razón de Estado, que expresa la voluntad del príncipe, poniendo los fundamentos ideológicos del Estado moderno. Por encima de toda consideración moral, el príncipe debe fortalecer su posición para poder llevar a cabo una política efectiva dirigida a las cosas tal y como son y no como deberían ser. Y si los hombres son codiciosos, crueles y pendencieros, el príncipe debe saber cómo gobernarlos utilizando los medios que estén a su alcance sin parar mientes en detalles de orden ético o moral. El príncipe maquiavélico es cruel cuando hay que serlo, generoso si es necesario, con la idea de la practicidad de fondo, es más útil ser temido que ser amado, pero tampoco inspirar demasiado terror pues eso tampoco es útil al Estado, que al final se concreta en la voluntad del gobernante. Esta es una obra moderna y renacentista que marca una diferencia con la literatura del género *speculum principium* de corte escolástico que se venían escribiendo a lo largo de toda la Edad Media y que tenían como finalidad crear modelos de orden moral y ejemplar a seguir por los reyes y gobernantes de tradición grecorromana.

Frente a la obra y diseño del príncipe maquiavélico se levantará el humanismo cristiano fundamentalmente de Erasmo de Rotterdam, que también escribe una obra moderna y renacentista pero que antepone a la razón de Estado, el bien común. En su obra *Educación del príncipe cristiano,* Erasmo se dirige a los gobernantes de Europa, en particular al joven emperador Carlos V, para que la política se centre en los necesarios principios de paz y justicia, que traiga de nuevo la paz y la convivencia a una Europa desolada por las guerras, en gran parte debido a la codicia de los reyes y príncipes. La obra se publica en el año 1516 fecha que coincide con la publicación de *Utopía* de Tomas Moro, autor claramente influenciado por el pensamiento de Erasmo con quien mantenía una gran amistad, y que encontrará la desgracia en la Inglaterra de Enrique VIII al negarse a firmar el Acta de Supremacía que ponía al rey como cabeza de la Iglesia de Inglaterra, en un acto de política completamente maquiavélico, en el sentido más literal del término.

Nos encontramos cien años antes de la utópica Reforma, con tintes místicos e intelectuales, que proponen los rosacruces. Pero en ese momento, la cuestión controvertida es la razón de Estado versus el interés general. Tomas Moro, al igual que Erasmo, opta por lo segundo, culpando a la codicia de los gobernantes de todos los males de la sociedad. Lo que es tremendamente actual. La obra *Utopía* comienza con una disertación de los vicios y defectos de los gobernantes de su tiempo que sirve de extenso prólogo moral a la descripción de la República de los utópicos que se encuentra en ultramar. Moro haciéndose eco de los descubrimientos de su época, imagina un lugar más allá, lejos de la Europa corrompida por los reyes y príncipes cegados por la codicia, donde no existe propiedad privada, la causa de todos los males del viejo mundo. La República inspirada en los diálogos platónicos, en particular *Las leyes* de Platón, se construye sobre el ideal de una comunidad de bienes puestos sin excepción al servicio del interés general. Una República estrictamente democrática, donde se escoge a los gobernantes entre los mejores y más sabios ciudadanos. Esta idea que se apunta en esta primera obra utópica se convertirá en el tema nuclear de las utopías posteriores, donde la comunidad de sabios será el tema central y casi el único tema de la utopía de Sir Francis Bacon. Ciertamente, el impacto de *Utopía* de Tomás Moro fue muy grande en el imaginario de los reformadores del siglo XVII.

La segunda utopía que nos interesa comentar es la escrita por Johann Valentin Andreae, publicada en 1619, un siglo más tarde, y que lleva por título *Descripción de la República Cristianópolis*. Esta república utópica también se encuentra en una isla recóndita, llamada Cafarsalama, la morada de la paz, y en ella se alza la maravillosa ciudad de Cristianópolis. A diferencia de la Utopía de Moro, esta república no tiene un sentido únicamente político, es una utopía más moderna influida por la Reforma Científica y es precisamente este el tema central de esta y de las restantes utopías, la de Campanella y la de Francis Bacon. En el siglo XVI los intelectuales ya no están exclusivamente preocupados por inspirar a los príncipes en el buen gobierno de la república, sino de imaginar un lugar ideal donde la Nueva Ciencia esté en el centro de la vida social y política. Por ello, son los sabios, filósofos y científicos, los que gobiernan la República. La ciudad está dotada de todos los progresos científicos y todo está ordenado al progreso de la comunidad. En particular, Cristianópolis es el sueño de un pastor luterano con una fuerte tendencia al puritanismo. Por ello la comunidad es muy piadosa, en el sentido de la piedad luterana. Todo está destinado a la gloria de lo divino y todos actúan, trabajan, gobiernan, enseñan, etc. con la mirada puesta en el ideal de la virtud cristiana. Tras recorrer la ciudad, sus viviendas y lugares de trabajo y reposo, en el centro de la ciudad se encuentra el Colegio, una especie de universidad desde donde se educa y gobiernan los destinos de la República. Dotada con todo lo necesario para una completa educación en las Artes, las Ciencias y la Teología, tiene una gran biblioteca, un teatro matemático y ocho Auditorios donde se enseñan las Artes Liberales en su versión más completa, como en las facultades de las modernas universidades, todos los saberes tienen lugar en el epicentro de la República Cristianópolis. Hemos dado un salto cualitativo respecto de Moro, el tema central de la comunidad utópica ya no es solo el rechazo a la propiedad privada, sino la educación y el saber. Sin embargo, todos los intentos de Andreae de formar una societas cristiana a lo largo de su vida fracasaron, tal vez por el exceso de puritanismo que rezuma toda la obra, como también fracasó la Commonwealth de Oliver Cromwell, mostrando en cierta medida que el puritanismo no acababa de cuadrar con el sistema social y económico medieval de la Europa del XVII. Tendremos que esperar dos siglos, hasta que tras las Revoluciones Burguesas, el puritanismo se impondrá en las repúblicas que adoptaran el sistema económico capitalista. Sin embargo, el ideal utópico de la comunidad basada en la libertad y la ciencia será trasladado a las colonias de ultramar, a la joven América, con la esperanza de poder ensayarlo, lejos de la Europa monárquica y aristocrática.

La siguiente utopía es la de Tomaso Campanella, *Ciudad del Sol, idea de una república filosófica*, publicada en Frankfurt en 1623. De esta utopía únicamente destacaremos como la ordenación del nuevo cosmos inspira la organización social. Realmente, se trata de una república comunista, donde todo es compartido, incluso las mujeres, en los sueños de este fraile pendenciero, que luchó contra el colonialismo español en Italia. En la arquitectura de la ciudad se contempla un templo celeste como centro de toda la vida social, con la forma de un templo redondo sostenido por columnas, mostrando una imagen clara del nuevo cosmos copernicano.

La organización social también es heliocéntrica, un magistrado que representa al Sol es asistido por otros tres, Poder, Sabiduría y Amor, el primero se ocupa de lo relativo a la guerra y la paz, el siguiente a todo lo concerniente a las Artes Liberales y Amor sobre la procreación y la educación de los hijos, en una organización que recuerda a la de los Soviets pero con tintes renacentistas. En la descripción del templo que se encuentra en el centro de la Ciudad del Sol seguramente los francmasones reconocerán algunos de los elementos que adornan y decoran las modernas Logias y la encontrarán muy inspiradora. En general, la república de Campanella muestra como la moderna ciencia inspira todos los detalles de la convivencia y el bienestar de esta sociedad ideal, donde la propiedad privada y la libertad individual se sacrifican por el bien de la ciencia que garantiza el bien común y la paz social.

La última de las utopías que influyó en mayor medida en la Inglaterra que verá nacer las primeras asociaciones de sabios inspiradas en el pensamiento utópico, es *New Atlantis* de Sir Francis Bacon, obra inconclusa, publicada póstumamente en el año 1626. Esta utopía nos describe una isla en los Mares del Sur gobernada por una misteriosa Orden llamada la Casa de Salomón. La isla de Bensalem o de los hijos de la paz, nos recuerda a la Cafarsalama de Cristianópolis, y a lo largo de la obra se pondrá de manifiesto que Bacon fue lector de los manifiestos rosacruces y de las obras de Andreae. Sin embargo, Bacon se distancia de aquel pues será muy contrario a incluir la magia y todo lo que a ella se asociaba en el acervo de saberes de la Orden, sin embargo, compartirá en cierta medida el puritanismo de Cristianópolis, necesario para garantizar el buen fin del saber y del orden social. La obra termina con una detallada descripción de los secretos de la Casa de Salomón y todos sus instrumentos de experimentación en el estudio de la Naturaleza, en que tanto se empeñó Bacon, en todas sus posibles manifestaciones, disponen de cuevas, lagos, tierras, manantiales, edificios destinados al estudio de los fenómenos celestes, cámaras de salud, huertos, jardines, etc. Pero la más sorprendente es la jerarquía de la Orden. Presidida por el Padre de la Casa de Salomón, está asistido por distintos oficios, los doce comerciantes de la luz o viajeros; tres hombres de misterio que coleccionan experimentos de todas las artes mecánicas, ciencias liberales y otras prácticas; tres exploradores o mineros, que ensayan experimentos; tres recopiladores que dibujan los experimentos de los anteriores; tres iluminados o benefactores, dedicados a analizar los experimentos; los tres llamados lámparas o faros, que dirigen nuevos experimentos; tres inoculadores, que ejecutan los experimentos y los divulgan; y los muy elevados Interpretes de la Naturaleza encargados de los experimentos relativos a las más altas observaciones, axiomas y aforismos.

Por último, están los Novicios, Aprendices y Sirvientes. Una organización iniciática en la nueva ciencia experimental tal y como la entendía Sir Francis Bacon.

CÍRCULOS INTELECTUALES DEL SIGLO XVII

La Casa de Salomón utópica de Francis Bacon tomó forma en el círculo intelectual de Samuel Hartlib, un alemán de origen prusiano afincado en Londres, refugiado tras la derrota del Palatinado, autor también de una breve utopía en la línea de las anteriores[2], que había reunido a un grupo de intelectuales interesados en la Reforma de la Ciencia, tal como Bacon la había entendido. Hartlib mantendrá correspondencia con Johann Valentin Andreae, padre de la Rosacruz y de distintos intentos de sociedad cristiana, que mezclaban la Reforma protestante con la Reforma de las Ciencias. Tras el fracaso de sus diversos intentos, Andreae finalmente formó una red transnacional de contactos eruditos que le informaba de todos los desarrollos en el campo de las ciencias, las artes y la teología. Luego, tenemos un claro vínculo entre Andreae y Hartlib que intentará hacer lo mismo pero creando una asociación inspirada en la Casa de Salomón de Bacon. Este grupo contará con intelectuales, científicos y filósofos, agrupados en distintas disciplinas: Agricultura, Química o Alquimia, Finanzas, Matemáticas, Medicina, Teología, Educación y Pansofía, para estas dos últimas disciplinas contó con la ayuda de Jan Amos Comenius. Robert Boyle fue otro de los colaboradores de Hartlib en temas de química y alquimia, y en varias ocasiones se refirió al círculo de Hartlib con el nombre del Colegio Invisible, una alusión a la Casa de Salomón, que gobierna la República de Bensalem ocultando sus secretos y sus descubrimientos, y al Colegio Invisible de los rosacruces, tal como se describe en la Fama, la Morada del Espíritu Santo pese a que muchos lo han podido contemplar, permanecerá siempre oculto al mundo impío.

La actividad del círculo de Hartlib durará desde el año 1630 hasta el año 1660, incluyendo los años convulsos de la Revolución del Parlamento que provocó la caída de la Casa Estuardo, la ejecución del rey Carlos I Estuardo y el establecimiento de la República de la Commonwealth de Oliver Cromwell. En el año 1660 el Parlamento Británico acuerda restaurar a la Casa Estuardo en la Corona de Inglaterra, coronando a Carlos II Es-

[2] Hartlib, Samuel, *A Description of the Famous Kingdome of Macaria*, que fue presentado ante el Parlamento Largo en 1641, coincidiendo con la visita de Jan Amos Comenius a Londres.

tuardo. Sir Robert Moray, hombre próximo al nuevo rey y uno de los francmasones declarados más antiguos de la historia, promoverá la formación de la Royal Society, consiguiendo la patente real para un reducido grupo de intelectuales que se reunían en el Gresham College de Londres, y que contará entre sus fundadores a algunos francmasones escoceses y a miembros del Círculo de Hartlib.

En Inglaterra y Escocia, a lo largo del siglo XVII los reyes Estuardo desde fechas inciertas habían promovido la transformación de las Logias de masones, antiguos gremios y guildas, en clubs sociales, donde se podían compartir influencias y conocimientos científicos. Hay que pensar que el oficio de arquitecto o experto en geometría incluía no solo la actividad de construcción de edificios religiosos, sino también la arquitectura civil y la ingeniería de tipo civil y militar. Hoy en día, diversos estudios han puesto de manifiesto que la francmasonería ya formaba una red de contactos e influencias en tiempo de los Estuardo, pero se desconocen los detalles, pues no se han conservado los documentos relativos a su fundación. Se conoce la pertenencia de dos importantes personalidades del siglo XVII a la masonería, que no tenían por ocupación u oficio la arquitectura, el primero fue Sir Robert Moray, en 1641, escocés, promotor de la fundación de la Royal Society, fue iniciado en una Logia de Edimburgo. En los diarios de Elias Ashmole, anticuario y alquimista, cuya colección se conserva en el famoso Ashmolean Museum de Oxford, asegura que fue iniciado junto con otras personas en el año 1646 en una Logia de Warrington en Lancashire, cerca de Manchester al noroeste de Inglaterra. Ashmole era partidario de la causa de los Estuardo y durante la República buscó el apoyo e influencias en la organización. Lo cierto es que las llamadas logias de los Modernos, ya a principios del siglo XVIII, también tenían como temas objeto de debate los experimentos científicos, al igual que la Royal Society o el Círculo de Hartlib.

No hay que olvidar que en la época de Ashmole y Morey la joven ciencia todavía camina de la mano del Hermetismo, la Alquimia, la Astrología y tenía el Quadrivium matemático de las antiguas Artes Liberales. Es por ello que en la francmasonería se conservó la forma de entender la ciencia, todavía ligada a aquellos fenómenos ocultistas, de los que en el siglo XVII y XVIII todavía no se había desprendido, recuérdese que Newton escribió más tratados sobre alquimia que sobre física. Los rituales y símbolos masónicos conservan además de los elementos constructivos y herramientas de los albañiles del siglo XVII algunas referencias al ocultismo, en particular a la alquimia y la visión del hermetismo, propios de aquella época, y que hoy provocan cierta extrañeza en un mundo donde la ciencia ha desbancado por completo a la filosofía hermética y su expresión práctica, el ocultismo, pero que permanece en los rituales iniciáticos de los francmasones.

CONCLUSIÓN

En este trabajo hemos querido poner en conexión las utopías del siglo XVII, entre las que hemos incluido la utópica Orden de la Rosacruz descrita en los manifiestos de comienzos de dicho siglo, la *Descripción de la República Cristianópolis* de Johann Valentin Andreae, *La Ciudad del Sol* de Tommaso Campanella y *New Atlantis* de Francis Bacon, con los círculos intelectuales que surgieron por inspiración de aquellas, entre los que incluimos el Invisible College de Samuel Hartlib y sus amigos, la Royal Society y la francmasonería de los Modernos, organización que ha conservado algunos de los elementos simbólicos de aquella época en sus rituales y símbolos. ⚒

BIBLIOGRAFÍA

Andreae, Johann Valentin, *Cristianópolis*, Madrid, 1996.
Grell, Ole Peter, *Paracelsus The man and his reputation his ideas and their transformation*, Leiden, 1998.
Hart, Vaughan, *Art and Magic in the Court of Stuarts*, Londres, 2002.
Imaz, Eugenio, *Utopías del Renacimiento*, México, 1999.
Kervella, André, *Los reyes Estuardo y la francmasonería*, MASONICA, 2021.
Lomas, Robert, *The Invisible College*, Londres 2009.
Smit, Frans, *La llamada de la Rosacruz, cuatro siglos de tradición viva*, La Haya, 1998.
Yates, Frances A. *El iluminismo rosacruz*, Buenos Aires, 2001.

Juan Almirall

Contradicciones de un yogui occidental

KŌAN

Eduard Berga Salomó

Nace en Barcelona, en el año 1959. Licenciado en criminología por la Universidad de Barcelona, se interesa desde muy joven en el estudio de la tradición occidental, principalmente hermética y rosacruz, así como en el conocimiento de las diversas herejías cristianas, especialmente, en el catarismo.

A lo largo de los últimos 40 años ha realizado numerosas exposiciones y conferencias, tanto en España como en Francia, Portugal e Italia. Fruto de este trabajo, son los diversos catálogos que coordinó: «Hermetismo y Rosacruz. Los misterios egipcios y su influencia en la espiritualidad europea», «Sabedoria do Silêncio. Hermetismo e Rosacruz no Pensamento Humanista Occidental», «Sabarthez. Berceau de l'humanité», así como los libros *El catarismo en la tradición espiritual de Occidente* y *L'herética pravitat a la Corona d'Aragó: Documents sobre càtars, valdesos y altres heretges* (1155-1324), escrito en colaboración con dos historiadores.

Actualmente se encuentra trabajando en la edición de las declaraciones ante la inquisición de la comunidad del cátaro Belibasta, traducidas al catalán y castellano, en la coordinación de la traducción del libro de Napoleón Peyrat, *Histoire des Albigeois*, así como en una biografía espiritual de Comenius.

LA ROSACRUZ, COMENIUS Y LA MASONERÍA

Eduard Berga Salomó

El movimiento rosacruz, aparecido en los albores del siglo XVII, fue el último canto de cisne del cristianismo hermético renacentista, que vinculaba la visión mística con el discurso racional. Su objetivo era reconciliar la sabiduría divina, el *Liber T(heos)*, con la sabiduría del mundo, el *Liber M(undi)*. Para ello concibieron una fraternidad —la Fraternidad Rosacruz— que recuperase tales tesoros de sabiduría, como los denomina la *Fama*, y los mostrase al mundo en todo su esplendor. Comenius afianzó este ideal pansófico con su lema de «enseñar todo a todos», mostrando a la sociedad de su tiempo la necesidad de llevar a cabo una verdadera educación universal de todos los seres humanos. Sólo así sería posible construir una reforma social que, sobre la base de la íntima unión con lo divino, llevase a la humanidad hacia una mutua fraternidad universal, en libertad individual, paz, armonía y progreso, fines de la masonería filosófica.

INTRODUCCIÓN

¿Qué es la Rosacruz?

No es fácil responder a esta sencilla pregunta. A lo largo de 400 años han existido tantos movimientos de tradición o inspiración rosacruz, que desentrañar su madeja nos llevaría a numerosas especulaciones filosóficas y esotéricas que desbordarían el ámbito de este texto.

Hoy quisiera centrarme en el nacimiento de la Rosacruz clásica alemana, cuáles fueron las intenciones originales de este movimiento, cómo desarrolló socialmente Comenius este impulso y de qué forma se vincularon ambos con las logias masónicas, de un incipiente carácter filosófico, que surgieron en Inglaterra a mediados del siglo XVII.

En aquella época había fuertes confrontaciones de poder debidas, por una parte, a la división religiosa entre católicos y protestantes surgida en el siglo anterior y, por otra parte, a la aspiración del poder político a independizarse de la autoridad religiosa.

Los gobernantes de los países de tradición germánica y anglófila se habían liberado del férreo control papal, apoyando las distintas confesiones evangélicas disidentes.

El Papado se había enfrentado a esta Reforma protestante con una Contra-Reforma, liderada por los jesuitas, y forzaba a los gobernantes latinos a apoyar su contienda. Los frágiles equilibrios que habían de mantenerse se polarizaron con rapidez en una tensión que provocó, finalmente, la Guerra de los Treinta Años.

Imagen de la Tabla Esmeralda, Símbolos Secretos de la Rosacruz.

Por su parte, el humanismo renacentista impulsaba una verdadera reforma social de la humanidad a partir de un cristianismo hermético, que conciliase la visión mística con el discurso racional.

Este cristianismo, que había florecido gracias especialmente a Marsilio Ficino y Pico della Mirandola, había fructificado con teósofos como Cornelio Agrippa, Paracelso o John Dee, los cuales aunaron a su visión mágica y espiritual, el conocimiento astrológico, alquímico y médico.

Tal como afirma Carlos Gilly, históricamente, hermetismo y cristianismo han congeniado estrechamente «y ocasionado en su seno, a partir del Renacimiento, los movimiento filosóficos más prometedores para el progreso religioso y científico de Europa».[1]

I. LA ROSACRUZ

El movimiento rosacruz, aparecido en los albores del siglo XVII, fue el último canto de cisne de ese renacimiento hermético.

Su objetivo fue reconciliar la sabiduría divina, el *Liber T(heos)*, con la sabiduría del mundo, el *Liber M(undi)*, y ello partiendo del axioma hermético: «Lo que está abajo es igual a lo que está arriba, y lo que está arriba es igual a lo que está abajo».[2]

Para ello concibieron una fraternidad —la Fraternidad Rosacruz— que recuperase tales tesoros de sabiduría, como los denomina la *Fama*[3], y los mostrase al mundo en todo su esplendor, con el fin de que todos pudieran comprender y vivir la confluencia de esas tres realidades —el Universo, el Mundo y el Ser Humano, es decir, el Macrocosmos, el Cosmos y el Microcosmos— orbitando alrededor de la unidad divina.

Laboratorio alquímico del *Anfiteatro de la Eterna Sabiduría*, de Khunrath.

---

[1] Carlos Gilly, Don Quijote y Rosencreutz: Las Bodas Químicas de Christian Rosencreutz, una novela de caballerías contra los libros de alquimia, en *El model de llengua en l'assaig científic i literari*, Universitat Jaume I, Castelló de la Plana, 2019, pág. 97.
[2] *La Tabla Esmeralda*. Véase Jan van Rijckenborgh, *La Gnosis Egipcia Original*, vol. 1, Fundación Rosacruz, Zaragoza, 1999, pág.10.
[3] Véase la *Fama Fraternitatis* en la edición crítica publicada por la Rozekruis Pers, en Haarlem, Holanda, a cargo de Carlos Gilly y Pleun van der Kooij.

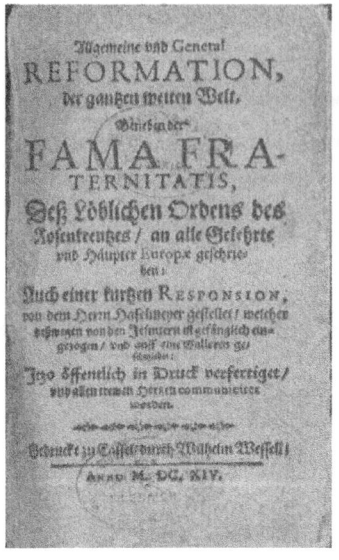

Imagen de la portada de la primera edición de la *Fama Fraternitatis* de 1214.

En la *Societas* creada por Tobías Hess, jurista y médico paracelsista de Tubinga se reunían, por una parte, un grupo de apasionados en la alquimia, la astrología, la magia y la medicina paracélsica y, por otra parte, un grupo de estudiosos de la nueva teología cristiana, influidos por la mística renana y las concepciones milenaristas.

Fue entonces cuando Valentín Andreæ escribió la *Fama* y la *Confessio* bajo la inspiración de Tobías Hess, entre 1608 y 1609. Y así, sobre la base de las antiguas tradiciones herméticas conservadas en el mundo musulmán (Damcar, Egipto y Fez), ellos concibieron un renovado cristianismo sustentado por un triple axioma que se halla al final de libro T, hallado en la tumba de Cristián Rosacruz[4]:

- *Ex Deo nascimur*, 'de Dios nacemos', es decir, la multiplicidad de todo lo creado —el Cosmos, el Mundo y el Ser Humano— proceden de la unidad divina.

- *In Iesu morimur*, 'en Jesús morimos', es decir, es posible el conocimiento y el regreso a la unidad con lo divino si se sigue el camino cristiano, si se es «un pequeño Cristo», según la acertada expresión de Arnau de Vilano*va*.

- *Per Spiritum Sanctum reviviscimus*, 'por el *Espíritu* Santo renacemos', es decir, quien siga ese camino será bautizado con el fuego del Espíritu y transformado en un nuevo ser humano, unido a Dios y, al mismo tiempo, vinculado a toda la humanidad.

Sin embargo, para el grupo de alquimistas del círculo, «no basta sólo con orar y meditar en el oratorio, bien que esto sea la obra principal o "ergon"; hay que dedicarse también asiduamente al "parergon", es decir, a trabajar y experimentar en el laboratorio y la naturaleza, pues ambos

---

[4] Jan van Rijckenborgh, *La llamada de la Fraternidad Rosacruz*, Fundación Rosacruz, Zaragoza, 1993, pág. XXXVI.

constituyen [...] el único camino para encontrar finalmente tanto la perfección del arte como el lugar del "Collegium" de la Fraternidad».[5]

Pero este deslizamiento hacia el 'parergon' no es del gusto de Andreæ.
Con la muerte de Tobías Hess (1614) —verdadera alma del círculo de Tubinga— y la publicación no autorizada de los manifiestos en 1614, 1615 y
1616, se separa del grupo.

Decepcionado por la falta de comprensión del fin último que subyace
en la creación de una verdadera fraternidad cristiana hermética, durante
los años siguientes, se esfuerza por crear diversas sociedades cristianas
con dicho objetivo, al tiempo que reniega repetidamente de su pasado rosacruz, considerándolo un *ludibrium* (fábula, farsa, comedia, teatro).

A pesar de ello, los manifiestos rosacruces tienen una extraordinaria repercusión en Europa, con cientos de escritos a favor o en contra, en los
años siguientes a su publicación. Entre ellos, el famoso teólogo alemán
Johannes Arndt, escribe:

> Cierto es que *Las Bodas Químicas* encierran en sí gran luz y perspicacia
> filosóficas. Y no me refiero a las operaciones químicas, ya de por sí bastan-
> te abstrusas, que allí se describen, sino a realidades de mucha mayor im-
> portancia, que, como desde hace tiempo vengo previendo, saldrán a la luz
> en su debido tiempo y lugar: Vendrá, si, llegará el siglo de Elías Artista,
> profetizado por el Monarca de los filósofos y de los médicos [Theofrasto
> Paracelso]. Yo, por mi parte, mucho dudo que la vida me vaya a durar
> hasta ese momento. Pero congratulo al siglo futuro por tanta luz. Y me
> contento, si no hay nada mejor que esperar, con la Fama [o primer mani-
> fiesto] de ellos.[6]

La Guerra de los Treinta Años trunca ese propósito. Su horror es sin
duda uno de los motivos, junto a las disensiones del grupo, de su clamo-
roso silencio posterior y de su prematura extinción como fraternidad.

No obstante, las semillas del impulso rosacruz se plantan por doquier.
De las cenizas de una Europa desolada y apesadumbrada, surgen aquí y

---

[5] Carlos Gilly, Las novas de 1572 y 1604 en los manifiestos rosacruces y en la literatura
teosófica y escatológica alemana anterior a la Guerra de los Treinta Años, en *Novas y
cometas en 1572-1618*, Miguel A. Granada (ed.), Universidad de Barcelona, pág. 280.
[6] Carlos Gilly, Don Quijote y Rosencreutz: Las Bodas Químicas de Christian Rosencreutz, una novela de caballerías contra los libros de alquimia, en *El model de llengua
en l'assaig científic i literari*, Germà Colón (ed.), Universitat Jaume I, Castelló de la Plana, 2019, pág. 98.

allá nuevos intentos para llevar a la humanidad hacia un progreso real, por medio del reconocimiento del Espíritu divino en el espíritu humano y su capacidad para convertirlo en un verdadero conocimiento racional.

COMENIUS Y LA PANSOFÍA

Y, sin duda, fue Comenius uno de los que mejor supo recoger los restos de ese aparente naufragio de la rosacruz clásica y darle un nuevo vigor.

Comenius mantuvo una correspondencia epistolar con Johann Valentin Andreæ, solicitándole no sólo su consejo, sino también exhortándole para que siguiese adelante en su proyecto de una verdadera reforma cristiana. El 16 de septiembre de 1629, en plena Guerra de los Treinta Años, Andreæ le escribe a Comenius una carta que dice así:

> He recibido correctamente su carta del 20 de julio, honorable señor, digno de honrarle como amigo. En ella se refiere al amor que me profesa y también a su anhelo de progreso. En ambas cosas me tiene como acompañante y asociado, estrechamente unido. Que Cristo haga que nuestra unanimidad sea ventajosa para nuestra iglesia en apuros. Mi esperanza es que se cumpla que haya numerosos seguidores del cristianismo antes de que yo abandone el escenario. No voy a negarle que su deseo de crear una alianza cristiana es muy honorable.
>
> No he escrito solamente un ideal o una historia. Éramos un grupo de hombres de gran renombre que nos reuníamos después del artificioso juego de la frívola Fama (de la Fraternidad Rosacruz). Para ello, nos unimos hace aproximadamente unos ocho años. Y muchas más personas estaban dispuestas a unirse a nosotros, pero las revueltas en Alemania nos dispersaron casi completamente.
>
> Algunos se lamentaron de que la mayoría murieran. Otros se mezclaron en la guerra; otros, en fin, se desesperaron. Yo recogí velas y me retiré. Han quedado muy pocos de los nuestros y anhelamos más una bienaventurada disolución que limpiar los establos de Augías. Por esto, le transfiero los restos de nuestro naufragio, para que pueda recogerlos y, si le place, los reúna de nuevo. Seremos muy felices si no fallamos totalmente con nuestra gran empresa. Ella ha consolado también a quienes, con sus viajes errantes, han abierto nuevos países donde se ha podido continuar con más fortuna.

LA ROSACRUZ, COMENIUS Y LA MASONERÍA

Mi propósito fue colocar a Cristo otra vez en su lugar, después de dispersar a los ídolos religiosos y literarios. Pero Él mismo va a intervenir en su momento. Al igual que no le pidió a David que finalizara la construcción del Templo, tampoco ahora quiso el cumplimiento de su obra. Como alemanes elegimos solo a alemanes por una ley caprichosa que se cambió hace tiempo. La buena causa permite que <u>todos los pueblos puedan asociarse,</u> sobre todo los que están unidos por el exilio cristiano.

Servíos de nuestro consejo y continuad con nuestra causa con fuerza.[7]

Con estas palabras, Andreæ le alentaba a seguir su camino.

Al igual que Andreæ, Comenius sospechaba de todos aquellos que engañaban a las personas humildes con que «la transformación de los metales es la cumbre y la coronación de la filosofía»[8], y en uno de sus libros de

El laberinto del mundo, dibujo realizado por el propio Comenius para su libro.

juventud, *El laberinto del mundo y el paraíso del corazón*, dedica todo un capítulo a los falsos rosacruces que en el gran mercado del mundo se dedican a estafar a los demás. Son los astutos charlatanes, los hacedores de *lapis spitalauficus* de los que se habla en las *Bodas Químicas*[9], y que imitan el verdadero mensaje de la tradición hermética y rosacruz.

Comenius pertenecía a la iglesia de los hermanos moravos, cuya antigua afiliación husita hacía de ella una de las iglesias protestantes más antiguas. Como su nombre ya indica, practicaban una religión muy fraternal, cimentada en la ayuda mutua y en una sólida moral cristiana, sobre la base evangélica del amor a Dios por encima de todas las cosas y al prójimo como a uno mismo.

Siguiendo la idea de Paracelso y los rosacruces, concibe el ser humano como «un microcosmos», es decir, como un mundo en pequeño, un *minutus mundum*.

---

[7] Karl Cristian Friedrich Krause, *Die drei ältesten Kunsturkunden der Yreimaurerbrüderschaft,* Esrter Band, Dresden, 1810.

[8] Jan van Rijckenborgh, *La llamada de la Fraternidad Rosacruz,* Fundación Rosacruz, Zaragoza, 1993, pág. XXXIX.

[9] Jan van Rijckenborgh, *Las Bodas Alquímicas de Cristián Rosacruz,* Fundación Rosacruz, Zaragoza, 2000, pág. LV.

Considera que todo el universo está regido por la ley divina que mantiene una armonía universal en todos los mundos, en un sentido pitagórico, pues es la raíz invisible que sostiene y alimenta todo. Describe que «todas las cosas perduran merced a Dios de forma similar al tronco de un árbol, a causa de su raíz, pues si ésta deja de sostener al árbol y de darle humedad, aquél se marchitará, caerá y aniquilará. Este mundo no es sino el visible árbol brotado de la invisible raíz divina».[10]

Piensa que la humanidad se halla en camino hacia un pleno desarrollo de su conciencia, que le permitirá comprender cuál es el sentido de su existencia y, así, adentrarse por la vía de la justicia y la rectitud.

¿Por qué, entonces, las sociedades humanas no alcanzan a entenderse y luchan tan enconadamente entre sí?

Comenius define la causa de ello, con un término que él mismo se inventa: la *simismidad*. «Hay simismidad —dice en su libro *El centro de la seguridad*— cuando el ser humano, sintiendo rechazo a estar atado por Dios y su orden, quiere ser suyo propio, de sí mismo, es decir, su propio consejero, su guía, su defensor, su señor, en suma, su propio pequeño dios. Este es el principio de todo mal».[11]

Constata que el proceso de individualización histórico que ha alcanzado el ser humano, no sólo le ha vuelto más autónomo a nivel personal, sino que también ha potenciado su egocentrismo, perdiendo con ello de vista el vínculo esencial que le une al resto de la humanidad.

Esta es, a su juicio, la causa fundamental que alimenta todas las guerras, la desarmonía que palpita en las sociedades humanas y las enfrenta entre sí.

Comenius dedicó toda su vida a la búsqueda de una solución al problema de la paz y llega a la conclusión que sólo la reconciliación y la paz interna con Dios puede llevar a una paz humana real.

Así lo expresa en su libro *El ángel de la Paz,* que escribió en 1667 para evitar la guerra entre ingleses y holandeses: «Quien busque la reconciliación con los demás no habiéndose reconciliado con Dios, se engaña a sí mismo, y quien busque la paz con los demás no habiendo logrado la paz

---

[10] Jan Amos Comenius, *El centro de la seguridad,* Helena Voldan (ed.), Ekumene, Comenius Cultural Center, Buenos Aires, 1999, pág. 17-18.
[11] Jan Amos Comenius, *El centro de la seguridad,* Helena Voldan (ed.), Ekumene, Comenius Cultural Center, Buenos Aires, 1999, pág. 37.

interna con Dios se engaña a sí mismo y no encontrará la paz, porque dice el Señor "no habrá paz para los malvados", y si a pesar de ello persistimos en alcanzar la paz mutuamente contra la voluntad de Dios, alcanzaremos todo menos paz: burlas, insultos y destrucción».[12]

Pero la obra maestra de Comenius es *La consulta universal para la restauración de los asuntos humanos*. Consta de siete partes que, en realidad, pueden considerarse cada una como un libro propio. Su propósito es aportar al ser humano el conocimiento esencial para que la humanidad se integre plenamente, como parte del cosmos, en la armonía universal prevista en el Plan Divino.

El libro tercero está dedicado a la *pansofía* y el cuarto a la *pampedia*, la educación universal. En la primera obra en la que trató expresamente su idea de la pansofía, Comenius afirma lo siguiente: «Que la denominación de pansofía no ofenda a nadie. Sabemos que el único pansofo verdadero es el sapientísimo Dios. Nosotros profesamos sólo la pansofía humana, esto es, el conocimiento de lo que Dios quiere que sepamos, simultáneamente con la sabia ignorancia de lo que, en cuanto maestro supremo, quiso Él que no supiéramos. Lo que está oculto está en poder del Señor Dios, pero exhortamos a los mortales que no ignoren por ingratitud perezosa lo que nos reveló, a nosotros y a nuestros hijos».[13]

Y en la misma obra expone:

> Anhelamos [...] componer un libro de la pansofía que sea:
> 1° un sólido breviario de la sabiduría universal,
> 2° una antorcha luminosa del entendimiento humano,
> 3° una norma estable de la verdad de las cosas,
> 4° un compendio seguro de los trabajo de la vida, y
> 5° una escalera beatífica hacia Dios mismo.[14]

Comenius pretendía, lleno de un enorme y utópico anhelo, *enseñar todo a todos*[15], como reza su refrán de la Didáctica Magna. Pero, sin embargo, matiza que no se trata de crear una enciclopedia universal que reúna

---

[12] Jan Amos Comenius, *The Angel of Peace*, Pantheon Books, New York, 1944.

[13] Jan Amos Comenius, *Preludio a la Pansofía*, Helena Voldan (ed.), Ekumene Comenius Cultural Center, Buenos Aires, 2015 , pag. 72.

[14] Jan Amos Comenius, *Preludio a la Pansofía*, Helena Voldan (ed.), Ekumene Comenius Cultural Center, Buenos Aires, 2015, pág. 48.

[15] Jan Amos Comenius, *Didáctica Magna*, Akal, Madrid, 1986, pág. 75.

todo lo que hemos aprendido. De lo que se trata es de aportar a toda la humanidad el conocimiento esencial de aquello que Dios ha querido revelar al ser humano, a través de la naturaleza y del propio conocimiento de sí mismo.

En una de sus obras pansóficas más bellas, *Vía Lucis*, el Camino de la Luz, proclama:

> Cada ser humano posee de forma innata las reglas de todo lo que debe saber (llamadas ideas generales) y también los motivos que le inclinan hacia todo lo que debe aspirar (llamados instintos generales) y, además, los instrumentos para realizar todo lo que debe hacer (a lo que se podría llamar las capacidades generales) [...] Y como hemos llegado a la conclusión de que estos tres principios básicos (saber, querer y poder) están presentes de la misma manera en toda la naturaleza humana, en todos los pueblos, en todas las edades y a todos los niveles, nos hemos atrevido a llevar igualmente nuestros esfuerzos a la búsqueda de caminos y métodos por los que ofrecer esta sabiduría universal a todo ser humano nacido en esta Tierra, con el fin de que no se permita que ningún ser inteligente permanezca sin cultura o que viva en disonancia con la armonía común, sino que trabajemos de forma que todos seamos penetrados por la misma luz pansófica. [16]

Para realizar esta hercúlea tarea de reunir todo el conocimiento universal, Comenius se propuso crear un Colegio de Sabios, a imagen de la *Domus Sancti Spiritus* de la que se habla en la *Fama Fraternitatis*. Dicho Colegio tendría la función de reunir este conocimiento y ponerlo al alcance de todo el mundo.

Así lo expone en su Didáctica Magna:

> Tampoco hace falta mencionar cuán necesaria sería una escuela de las escuelas o Colegio Didáctico. [...] La meta común de su labor debería tender a ser que los fundamentos de las ciencias fueran cada vez más descubiertos con el objeto de que la luz de la sabiduría fuera purificada y extendida con éxito feliz entre el género humano, y que los asuntos humanos mejoraran por los nuevos utilísimos inventos {...} Y porque para esto no basta ni un hombre ni una época, seguramente será necesario que más gente continúe lo comenzado, con fuerzas unidas y gradualmente. Este Colegio Universal ciertamente sería para las demás escuelas lo que el seno

---

[16] Jan Amos Comenius, *Lo único necesario*, Fundación Rosacruz, Valencia, ¿?, pág. 42-42.

vital es para los órganos del cuerpo, es decir, un taller vital que brinde a todos zumo, vida y fuerza.[17]

Se trataba, en definitiva, de aplicar «el espíritu de Fez» del que habla Cristián Rosacruz en su viaje alrededor del Mediterráneo, cuando se expresa en la *Fama:*

> Cada año se reúnen los árabes y los africanos para consultarse mutuamente sobre su arte y para averiguar si quizás se ha descubierto algo mejor, o si sus conceptos han sido superados por experiencias. De esta forma, cada año surge algo con lo que pueden mejorar las matemáticas, la física y la magia.[18]

Pero el objetivo último de crear este Colegio de Sabios no era tanto formar una nueva élite intelectual mundial, capaz de dirigir a la humanidad, como propiciar un instrumento preciso que permitiera transmitir a la humanidad en su conjunto todo el acervo de conocimientos esenciales para elevar su consciencia general hacia un estadio superior.

Sólo esta elevación colectiva de la consciencia humana podría permitir superar la división existente entre sus sociedades y alcanzar la paz necesaria. Pues, sin la paz, no sería posible hallar los fundamentos de la auténtica unidad humana: la verdadera fraternidad a la que está llamada toda la humanidad.

Visto desde esta óptica, podemos entender que todo el esfuerzo pedagógico de Comenius no se dirige sólo a una renovación de los sistemas escolares vigentes sino, y sobre todo, a la educación universal de toda la humanidad, independientemente de su raza, sexo, edad o clase social, para crear una verdadera fraternidad mundial.

Ese fue el verdadero motor que impulsó a Comenius a vencer todos los obstáculos, a pesar de todas las penurias y dificultades por las que pasó a lo largo de su vida, manteniendo siempre una actitud positiva y activa en su esfuerzo por una reforma general del mundo.

---

[17] Jan Amos Comenius, *Didáctica Magna*, Helena Voldan (ed.), Ekumene Cultural Center, Buenos Aires, 2017, pág.209.
[18] Jan van Rijckenborgh, *La llamada de la Fraternidad Rosacruz*, Fundación Rosacruz, Zaragoza, 1993, pág. XXV.

LA MASONERÍA

Para finalizar, quisiera tratar algunos elementos y personajes que pueden ayudarnos a precisar si la transición que hubo de la masonería gremial medieval a la masonería filosófica o especulativa, tuvo alguna conexión con el impulso de la rosacruz clásica y su posterior desarrollo en Comenius.

Habría que comenzar por hablar de Robert Fludd, uno de los primeros seguidores ingleses de la Rosacruz. Este médico, astrólogo, alquimista, cabalista, matemático y músico escribe varias obras defendiendo a la fraternidad rosacruz.

En una de ellas, el *Summum Bonum,* escrita en 1629, nos habla de la tolerancia y la unión en una misma asamblea de todas las clases sociales y confesiones:

> Toda esta diversidad de creencias permanecen para ellos [es decir, para los sabios de la Rosacruz] completamente fuera de las leyes esenciales de la verdadera sabiduría mística [...]. Así creemos que estos hombres, que pertenecen unos a las clases humildes, otros a las más elevadas de la sociedad, tanto de una confesión como de otra, {...} se consagran con todas sus fuerzas al temor y a la adoración del Señor, así como al amor al prójimo más amplio.[19]

Si comparamos dicho texto con el primer artículo de las Constituciones de Anderson, comprobaremos las similitudes de fondo que contiene.

> Un masón [...] nunca será ni un ateo estúpido ni un libertino irreligioso. Pero, aunque antiguamente se consideraba que los masones debían profesar la religión propia del país o de la región donde habitaban, hoy se considera más práctico solo obligarles a profesar aquella en la cual todos los hombres se hallan de acuerdo, dejando a cada uno las opiniones que les son propias.[20]

Y en la misma obra, Fludd explica de los rosacruces: «Construiros a vosotros mismos como un templo espiritual de piedras vivas sobre Cristo, la

---

[19] Paul Arnold. *La Rose+Croix et ses rapports avec la Franc-Maçonerie,* Maisoneuve, Larose, Paris, 1970, pág. 226-227.
[20] *Les obligacions d'un francmasó de 1723,* Biblioteca pública Arús, Barcelona, 1999, pág. 15.

piedra angular»[21], pareciendo así señalar una de las leyendas fundamentales de la francmasonería mística: la construcción del templo de Salomón y la leyenda de Hiram Abiff.

Otro personaje importante en ese crisol cultural que surgió en la Inglaterra de mediados del siglo XVII es Samuel Hartlib[22].

Hijo de un rico comerciante de origen alemán y una inglesa, nació a finales del siglo XVI en la ciudad de Elbing, en la actual Polonia. Sabemos que conoció en dicha ciudad al pastor escocés John Dury y su mutuo anhelo por una unión de las iglesias protestantes cimentó una amistad que perduró toda su vida. A comienzos de 1628, Hartlib contrae matrimonio con una inglesa y se instala en Inglaterra.

Es un hombre de paz, religioso, con vocación intelectual y progresista, que llega a escribir, al igual que Andreæ y Bacon, una utopía: *La descripción del famoso reino de Macaria*. Mantiene un extenso círculo de amistades con iguales inquietudes. En una de sus cartas explica:

[Debemos observar] procedimientos e intenciones de los reformadores que en este último tiempo han surgido en Alemania; para que podamos [obtener] aquellas cosas que pensamos que superan las edades anteriores y otras sociedades, que son estas:

1. Algunos medios extraordinarios para perfeccionar el conocimiento y descubrir los misterios de las escrituras proféticas.

2. Medios para perfeccionar el conocimiento de las lenguas orientales y adquirir habilidades adecuadas para tratar con los judíos, cuya vocación se supone que es más cercana.

3. Artes y ciencias filosóficas, químicas y mecánicas; por lo que no sólo los secretos de las disciplinas se entregan armónica y compendiosamente, sino que también se cree que revelan los secretos de la naturaleza, de modo que el maravilloso poder, la sabiduría y la bondad de Dios se pueden ver más aparentemente en las cosas corporales que nunca antes.

4. Un lenguaje mágico por el cual los secretos pueden ser entregados y preservados a aquellos que están familiarizados con él tradicionalmente.[23]

---

[21] Frans Smit, *La llamada de la Rosacruz, cuatro siglos de tradición viva,* Fundación rosacruz, Zaragoza, 2001, pág. 56.
[22] Véase G. H. Turnbull, *Samuel Hartlib, a Sketch of his Life and his relations to J. A. Comenius,* Oxford University Press, London, 1920.
[23] G. H. Turnbull, *Samuel Hartlib, a Sketch of his Life and his relations to J. A. Comenius,* Oxford University Press, London, 1920, pág. 11-12.

LA ROSACRUZ, COMENIUS Y LA MASONERÍA

Si comparamos el espíritu de este texto con los manifiestos rosacruces, hallaremos grandes similitudes, especialmente con la *Fama* y *la Confessio*.

Al mismo tiempo, Hartlib era muy consciente de que este avance social sólo podía lograrse con una mayor educación escolar. Ese fue uno de los grandes propósitos de su vida, como afirma John Dury en una carta fechada en 1635, donde habla de los problemas económicos de Hartlib:

> Los esfuerzos por promover el bien público por medio de la escolarización y la educación de los niños, que es el primer fundamento de la iglesia y la riqueza común, fueron las primeras causas de sus pérdidas. Cuando otros que prometían ayudarle, lo dejaban en la estacada para llevar solo todo el peso de tan buena y gran obra.[24]

La figura de Hartlib es crucial para comprender el ambiente intelectual de aquella época en Inglaterra. Eran personas con un profundo sentimiento religioso que, al mismo tiempo, estaban convencidos de la necesidad del avance científico, es decir, seguían el mismo espíritu rosacruz de quienes anhelaban conocer el Libro Divino y el Libro de la Naturaleza.

En 1641, Comenius es llamado a Inglaterra para presentar su propuesta pansófica al parlamento inglés. En él es recibido con todos los honores por la élite cultural inglesa. Hartlib, que ha publicado sin su permiso su *Preludio a la Pansofía*, está entusiasmado con él y le da a conocer sus numerosas amistades. Junto a Dury, los tres conciben la necesidad de educar a la humanidad para que avance hacia una sociedad humana ideal, capaz de vivir en paz y progreso universal.

Un parlamentario inglés escribe sobre él: «Comenius ha trazado un hermoso plan y ha preparado los fundamentos de un edificio de verdad humana y divina, para facilitar a toda la humanidad la adquisición del verdadero conocimiento de las cosas útiles»[25].

Seguidor de Francis Bacon y de los numerosos utopistas de la época, Comenius considera que Inglaterra es el lugar propicio para desarrollar su Colegio de Sabios. Allí escribe *Via Lucis*, que dedicará posteriormente a la recién fundada *Royal Society* cuando se publique en Ámsterdam en 1668. Pero, por desgracia, sus planes se truncan a causa de la primera

---

[24] G. H. Turnbull, *Samuel Hartlib, a Sketch of his Life and his relations to J. A. Comenius,* Oxford University Press, London, 1920, pág. 14.
[25] Anna Heyberger, *Jean Amos Comenius,* Librairie Ancienne Honoré Champion, Paris, 1928, pág. 60.

guerra civil inglesa, que le hace salir de Inglaterra apenas un año después de su llegada.

Pocos años antes, en 1638, aparece un breve poema que enlaza la rosacruz con la masonería. Es un poema de Henry Adamsson, publicado en Edimburgo, que dice:

> Hacemos presagios nada groseros
> pues somos hermanos de la Rosacruz:
> poseemos la palabra del masón y la segunda visión
> podemos predecir correctamente las cosas venideras.[26]

El Colegio de la Fraternidad, *Speculum Sphicum Rodo-Stauroticum,* de Daniel Mögling.

Lo mejor de ello es que los pilares del Invisible o (como se llaman a sí mismos) el Colegio Filosófico de vez en cuando me honran con su compañía [...] Son hombres de espíritu tan capaz y penetrante que la escuela de filosofía no es más que la región más baja de sus conocimientos y, sin embargo, aunque tienen la ambición de señalar el camino a cualquier proyecto generoso, son de un temperamento tan humilde que no desdeñan el tener que dirigirse hacia el más bajo, para oír como justifica su opinión; son personas que tratan de eliminar la estrechez mental practicando una caridad tan extensa que llega a todo lo que se llama hombre y que no se satisface más que con la buena voluntad universal, y en realidad tienen tanto temor de que las cosas no se empleen para bien que han tomado a su cuidado todo el cuerpo de la humanidad.[27]

---

[26] Frans Smit, *La llamada de la Rosacruz, cuatro siglos de tradición viva,* Fundación Rosacruz, Zaragoza, 2001, pág. 56.

[27] Francis Yates, *El iluminismo Rosacruz,* Siruela, Madrid, 2008, pág. 233.

¿Acaso este Colegio Filosófico o Invisible no es semejante al Colegio de Sabios preconizado por Comenius?, ¿o a la *Domus Sancti Spiritus* que alberga la Fraternidad Rosacruz?, cuyo «edificio permanecerá eternamente indestructible, invisible y completamente oculto para el mundo impío»[28], como relata el final de la *Fama Fraternitatis*.

Sabemos igualmente que Hartlib conocía la existencia de dicho Colegio Invisible y que seguramente participaba en él, junto con su círculo de amistades, de manera muy activa.

Por ello, podemos pensar que es, efectivamente, en el seno de estos grupos de pensadores utópicos del siglo XVII —que mantienen una estrecha relación con la Rosacruz y Comenius— donde se forman las primeras sociedades filosóficas y discretas que más tarde configurarán el libre pensamiento y propiciarán la transformación de la masonería gremial en especulativa.

Ellos buscan el progreso de la humanidad por medio del avance de la ciencia pero, al mismo tiempo —sobre la base de su fe en el Espíritu divino— tienen la profunda convicción de la necesidad de una fraternidad mundial, que abogue por el honor, la lealtad, la honradez, la amistad sincera y el respeto a las creencias diversas.

EPÍLOGO

Según se narra en la *Fama Fraternitatis*, el Colegio Rosacruz se basa en un séxtuple acuerdo:

> Los tres primeros acuerdos tienen que ver con el trabajo exterior de la Rosacruz y son la expresión de la forma que toda fraternidad universal debe adoptar en su trabajo en el mundo. Primero, debe trabajar para el mundo, como el padre que cuida de su hijo pequeño (curar gratis a los enfermos), Segundo, debe trabajar con el mundo, como el padre que acompaña a su hijo en su juventud (adaptarse a las costumbres del país). Tercero, debe trabajar a través del mundo, sabiéndose integrado en una comunidad de hermanos maduros autónomos (reunirse en Sancti Spiritus).

---

[28] Jan van Rijckenborgh, *La llamada de la Fraternidad Rosacruz*, Fundación Rosacruz, Zaragoza, 1993, pág. XLI.

LA ROSACRUZ, COMENIUS Y LA MASONERÍA

Los tres últimos acuerdos se refieren al trabajo interior. «La enseñanza a un discípulo» coloca el acento en la cadena de la Sabiduría Universal, que siempre ha sido transmitida de maestro a discípulo. «Vivir en su ser más interior el ejemplo de Cristián Rosacruz» muestra al hermano que solo la humildad abre las puertas de los misterios [...] Y la orden de «permanecer oculto durante un siglo» exhorta al candidato al gran misterio de la vida, que respeta los ritmos de la concepción y la gestación para el nacimiento de la Gran Obra.[29]

Comenius, por su parte, considera que debe proporcionarse a todos los seres humanos una *pampedia*, es decir, una educación universal, que les permita adquirir el conocimiento de las verdades universales. Pero esa educación universal no puede llevarse a cabo si antes no se crea un Colegio de Sabios que pueda aportar esas verdades con precisión y rigor, es decir, hay que establecer en primer lugar una *pansofía*, una sabiduría universal.

No debemos entender este saber como un saber enciclopédico y erudito, que Comenius compara con un montón de leña bien cortada y apilada, sino como un árbol que crece vivo de sus propias raíces y da frutos, y añade «anhelamos la pansofía, que es la imagen viva del universo en la que todo se relaciona mutuamente»[30].

Esta idea de un íntimo vínculo universal que lo relaciona todo entre sí, que armoniza la tensión entre lo individual y lo colectivo, entre lo uno y lo múltiple, es la clave para el verdadero avance de la humanidad. Quien es consciente de ese vínculo es capaz de leer el Libro T y el Libro M en toda su amplitud y vivir en paz interior con lo divino y con los seres humanos. Así puede ir, como dice la *Confessio Fraternitatis*, «por la mañana temprano, alegre y jubiloso, con el corazón abierto, la cabeza descubierta y los pies desnudos, al encuentro del Sol naciente».[31]

Según Fichte, la masonería tiene como fin último: «Suprimir de nuevo las desventajas del tipo de formación dispensada en el seno de la gran sociedad, y fundir la formación unilateral propia de un estamento particular

---

[29] Eduard Berga, *400 años de la Rosacruz en el mundo*, Fundación Rosacruz, Zaragoza, pág. 27.
[30] Comenius, *Preludio a la Pansofía*, Helena Voldan (ed.), Ekumene Comenius Cultural Center, Buenos Aires, 2015, pág. 48.
[31] Jan van Rijckenborgh, *El Testimonio de la Fraternidad de la Rosacruz*, Fundación Rosacruz, Zaragoza, 1999, pág. XXI.

en la formación humana común, en la formación polifacética del ser humano entero, del hombre como tal».[32]

La educación del ser humano es, pues, uno de los pilares fundamentales de la masonería. Y así lo desarrollaron algunos de los grandes pensadores de la masonería. Nos dice Ureña:

> Lessing hizo una verdadera y particular exaltación de la función educadora de la masonería, en un sentido amplio, cuando destaca como en su esencia tendía a eliminar las barreras que dividen a los seres humanos en razas, clases y religiones, afrontando un problema que los estados se habían visto impotentes de resolver. [...]
>
> Herder, pensando en la masonería, propugnaba una sociedad compuesta por todos los seres humanos pensantes de todas las partes del mundo, sociedad que recuerda a la Escuela de las Escuelas de Comenius. No planteaba esta cuestión como algo secundario, sino como objetivo principal que debía exponerse claramente al mundo entero.
>
> Goethe, que militó casi toda su vida en la masonería, concibió el ideal educativo masónico como el perfeccionamiento del individuo y de la humanidad a través de las potencialidades de su vida interior.
>
> No es extraño que estos hombres desarrollasen en sus obras masónicas una profunda filosofía y, dentro de ella, una profunda y a veces realista pedagogía, aprovechando que los principios constitucionales masónicos y el lenguaje simbólico propio de la hermandad, encerraban un mensaje no solo dirigido al entendimiento, sino también al sentimiento y a la imaginación. Los principios y simbología masónicos, traducidos en filosofía educativa, traspasaron las fronteras de las logias y se convirtieron en luces que alumbraron el pensamiento de cuantos los leyeron o escucharon.
>
> [La masonería] no ofrece soluciones estatalistas ni confesionales al problema educativo, sino que, al margen de ellas, pretende una formación humana independiente, universalista, tolerante y filantrópica. Una tercera vía que, arrancando de Comenius, sería también continuada por algunos pedagogos cercanos a la sensibilidad masónica como Basedow, Pestalozzi o Fröbel.[33]

---

[32] Johann Gottlieb Fichte, *Filosofía de la masonería. Cartas a Constant,* ediciones Istmo, Madrid, 1997, pág. 65.
[33] Pedro Álvarez Lázaro, *La masonería, escuela de formación del ciudadano,* Universidad Pontificia de Comillas, Madrid, 2015, pág. 82-85.

LA ROSACRUZ, COMENIUS Y LA MASONERÍA

Pero es en Krause donde se culmina el ideal pansófico concebido por Comenius. En una de sus obras más importantes, *Los tres documentos más antiguos de la Hermandad masónica*, dice lo siguiente:

> La masonería es por tanto el arte de educar pura y polifacéticamente al hombre en cuanto hombre, y a la Humanidad en cuanto Humanidad, es decir, el arte de despertar, dirigir y formar plenamente su vida; el arte de alcanzar todo aquello a lo que el hombre está llamado. Y esa la vez la totalidad de todos los conocimientos y artes que pertenecen necesariamente a esa tarea.[34]

Vemos, por lo tanto, como las tres concepciones filosóficas —la Fraternidad Rosacruz, el Colegio Pansófico de Comenius y la masonería especulativa o filosófica— sostienen un mismo ideal para la humanidad: la unión fraternal de todos los pueblos del mundo bajo la luz del conocimiento, que aparte las tinieblas de la ignorancia.

A través de esa luz es posible que los seres humanos encuentren la felicidad y reconozcan, en sí mismos y en los demás, la chispa espiritual que anida en cada corazón humano. Sólo así podrá construirse una reforma social que, sobre la base de la íntima unión personal con lo divino, lleve a la humanidad hacia una mutua fraternidad universal, en libertad individual, paz, armonía y progreso.

---

[34] Enrique Hernández Ureña, Krause y su ideal masónico: hacia la educación de la humanidad, en *Historia de la Educación*, Revista interuniversitaria, Salamanca, n.º 4, pág. 92.

Sergi Grau en la Biblioteca Pública Arús de Barcelona
durante su conferencia del ciclo «Ciencia y Mística».

LA ROYAL SOCIETY Y LA NUEVA CIENCIA

(Texto revisado y adaptado por Juan Almirall y Oscar Via sobre la conferencia de Sergi Grau)

FUNDACIÓN DE LA ROYAL SOCIETY Y CONTEXTO HISTÓRICO

El 29 de mayo de 1660 Carlos II Estuardo, rey de Escocia y futuro rey de Inglaterra regresa de su largo exilio. Había permanecido en la Haya junto a su tía Isabel Estuardo, viuda del príncipe Federico V, Elector Palatino. La historia de los rosacruces había comenzado a principios del siglo XVII en torno a la corte de Federico e Isabel en la ciudad de Heidelberg, donde se encontraba un magnífico castillo que era la Meca de la intelectualidad alemana. Desde Heidelberg se propagaban nuevas ideas sobre la filosofía natural, de fuerte influencia hermética, astrológica, alquímica, mecánica y matemática. Estas disciplinas forman parte de los conocimientos de un siglo donde se pondrá la semilla de un cambio fundamental en el saber. Así lo anunciaron los manifiestos rosacruces de los años 1614, 1615 y 1616.

La aplicación práctica de la alquimia en la ciencia médica por parte de Paracelso supone una revolución en el mundo germánico, junto con el descubrimiento de las nuevas estrellas supernovas en el cielo, lo que lleva a muchos astrólogos a tomarse en serio la tesis heliocentrista de Copérnico, que por otra parte, ya parecía venir refrendada por la literatura hermética, el gran descubrimiento del Humanismo renacentista. Si los siglos XV y XVI habían supuesto una revolución y una reforma en la concepción del *ser* humano, el siglo XVII supone una revolución y una reforma en la concepción del *saber* humano. Y esto es anunciado en los manifiestos rosacruces y en la literatura utópica de la época. De hecho la nueva ciencia no estará exenta de la idea utópica de una reforma general del saber que permitiría transformar el mundo y a la humanidad. Una nueva sociedad centrada en la búsqueda del conocimiento para mayor gloria de Dios, explorando la creación y llena de piedad por los nuevos descubrimientos. Esta es la idea que subyace en muchos de los nuevos sabios, que se lanzan a observar la Creación Divina desde más cerca, gracias a nuevos inventos como son el telescopio y el microscopio, que muestran un mundo desconocido y que a muchos les costará aceptar.

En la primera mitad del siglo XVII muchos alemanes abandonan el Imperio por la amenaza de la Guerra de los Treinta Años, y algunos se refugian en Inglaterra, un reino también envuelto en las guerras civiles del rey Carlos I Estuardo contra el Parlamento puritano, que acabará decapitando a su rey. Este es el caso de Samuel Hartlib, refugiado de origen alemán que formará un círculo de intelectuales durante la República entre los que se encuentran Robert Boyle y William Petty. Hartlib mantiene contacto con Johann Valentin Andreae, creador del mito de la Rosacruz y Jan Amos Comenius, y tiene una idea más hermética y de utopía puritana inspirada por la Pansofía de Comenius y la visión de Andreae, por lo que sus ideas tendrán mayor cabida y aceptación en la época republicana, donde Hartilb intentará presentar sus ideas a un Parlamento más receptivo.

El círculo puritano de Hartlib está interesado en una reforma del saber desde el punto de vista de la caridad evangélica, con la intención de renovar la sociedad de la época, por ello podemos decir que es un círculo utópico, que busca una nueva forma de organización social a partir de la visión puritana de la caridad y en el que la nueva ciencia tendrá un rol central en la nueva sociedad puritana. A este círculo se referirá Boyle denominándolo «Colegio Invisible».

El círculo del Gresham College se desplegará ya en época de la restauración de la monarquía Estuardo, gozará de la aprobación Real, y mantendrá en cierta manera un espíritu más puramente baconiano, no tan influenciado por las ideas utópicas del puritanismo evangélico. El 28 de noviembre de 1660 se reúnen en el Gresham College de Londres, una pequeña universidad, doce intelectuales para escuchar una conferencia de Christopher Wren, profesor de astronomía, arquitecto y aspirante a la cátedra de astronomía de dicha universidad. Promovido por el pastor John Wilkins, antiguo preceptor del hijo del Elector Palatino, éste intenta defender ante el rey Carlos II a Wren, acusado de haber colaborado con el Parlamento Republicano. De hecho, el grupo del Gresham College cuenta aproximadamente con el mismo número de lealistas monárquicos que de afines al Parlamento republicano, entre los que podemos contar a Boyle y Petty.

Este nuevo círculo intelectual estará formado por el ya nombrado pastor John Wilkins, también promotor de otro círculo científico anterior en Oxford además de Robert Boyle y William Petty, antiguos miembros del Colegio Invisible de Hartlib y ahora más próximos a Wilkins; Laurence Rooke, profesor de Geometría en el Gresham College y Christopher Wren, el arquitecto y astrónomo, que tendrá una gran popularidad en años venideros, sobre todo a partir de la reconstrucción de Londres tras el gran incendio de 1666. También forman el círculo dos prohombres escoceses del rey, Sir Alexander Bruce, conde de Kincardine y Sir Robert Moray, éste último uno de los francmasones reconocidos más antiguos, miembro de una logia de Edimburgo. Robert Moray será el que conseguirá el patrocinio Real que permite al grupo del Gresham College llamarse Royal Society. El primer presidente de la sociedad fue otro aristócrata irlandés: el Vizconde William Brouncker, médico y matemático. Pese a que el primer encuentro fue presidido y promovido por John Wilkins, éste no llegó a presidir la sociedad. Los otros miembros eran Paul Neal, óptico; Jonathan Goddard, profesor de física en el Gresham College, en cuyas dependencias tuvieron lugar la mayor parte de las reuniones del grupo; el astrónomo William Ball y un alumno de Christopher Wren, Abraham Hill.

Uno de los nombres que se barajó para formar parte de la Sociedad pero que no entró hasta un año más tarde, cuando la Sociedad consiguió el pleno reconocimiento real y pasó a denominarse Royal Society fue el anticuario Elias Ashmole, miembro número 37. Ashmole era además de abogado lealista, un gran aficionado a la alquimia, autor del *Theatrum chemicum britanicum*, trabajo compilatorio de la literatura alquímica inglesa publicado en el año 1652. Por las mismas fechas publicó un escrito laudatorio de la Fraternidad Rosacruz pidiendo su admisión en ella. Ashmole, junto con Robert Morey, son los dos francmasones testimoniados más antiguos de la historia. Ashmole fue iniciado en una Logia de Warrington en el año 1646 según testimonia en su diario y Robert Morey fue iniciado en una logia de Edimburgo en el año 1643.

No hay un vínculo real de la francmasonería, una organización que goza de las simpatías de la casa Estuardo con la Royal Society, cuya finalidad apunta más a compartir conocimientos científicos y darles una cierta divulgación. Sin embargo, ambas organizaciones experimentan un crecimiento importante en paralelo durante la segunda mitad del siglo XVII y sin duda beben de la misma fuente utópica que las inspira, claramente el libro *New Atlantis* de Francis Bacon.

Y mientras que en los rituales masónicos de las logias de los Modernos, como se conocerá a la masonería de principios del XVIII, se conservarán referencias a los saberes de la época como son la alquimia y la geometría, manteniendo así en la sociedad un papel testimonial de lo que fue la ciencia en el momento de su despertar; en la Royal Society, que fue un instrumento fundamental para el desarrollo y progreso de las ciencias, estos saberes de la época se fueron abandonando y quedaron más como meras anécdotas de los primeros pasos.

IMPORTANCIA DE LA NUEVA CIENCIA SURGIDA DE LA ROYAL SOCIETY

En su magnífica conferencia, Sergi Grau, profesor de Historia de la Ciencia en la Universidad Autónoma de Barcelona, explicó con más detalle el sentido de esta nueva ciencia en su contexto histórico, destacando la importancia y el papel fundamental que tuvo la forma de abordarla en su desarrollo inicial la Royal Society. A continuación ofrecemos un resumen de dicha conferencia.

En el siglo XVII se producirá un cambio muy importante en la forma de conocer el mundo, en la manera de hacer ciencia. Y para ilustrar esta idea, que estará en el trasfondo de todo lo que veremos a continuación, tomemos la cita de William Shakespeare: «Hay más cosas en el cielo y en la tierra, Horacio, de las que sueña tu filosofía». Esto nos presenta el nuevo método que nace en este siglo, del que veremos diferentes manifestaciones y que es novedoso, porque crea una alternativa para producir conocimiento en el ámbito de la filosofía natural.

Es importante entender que en el siglo XVII una persona que quisiera producir conocimiento o hacer deducciones sobre el mundo natural lo único que podía hacer era recurrir a la esencia demostrativa, a la lógica. La filosofía, que hasta entonces siempre había estado supeditada a la Teología, con su método demostrativo y la lógica silogística aristotélica, iba sacando deducciones y conclusiones sobre el mundo natural, pero en este siglo eso empieza a cambiar y aparecerá un elemento muy importante que se situará en el centro del debate, un elemento que hoy día está muy asumido pero entonces no lo estaba tanto: la idea de la observación, la idea del uso de instrumentos para observar, para crear hechos a partir de los cuáles podemos deducir teorías. Esto es algo totalmente nuevo en el siglo XVII.

Antes de ir a Inglaterra a visitar la Royal Society y lo que ocurre allí hacia 1660, nos iremos a Italia unos 50 años antes, sobre 1609. Allí encontraremos a un personaje, un patricio florentino, cuyo nombre es Galileo Galilei. Un matemático que ejerce como profesor en la universidad de Padua y que ese año descubre la existencia de un constructor de instrumentos en Holanda que ha construido un aparato conocido como «lentes de larga vista», o lo que hoy conocemos como telescopio. Y Galileo, que también tiene esta vertiente práctica más propia de las artes mecánicas, siendo también constructor de diversos instrumentos como compases o reglas de cálculo que vende junto a sus libros, cuando descubre que alguien está vendiendo unas lentes que amplían la realidad se muestra sumamente interesado y decide encargar uno de esos artilugios para empezar a construirlos él mismo.

La idea de «utilizar instrumentos para ver cosas» aparece en ese momento. Hasta entonces nadie se había planteado que esos instrumentos pudieran generar un nuevo conocimiento, y por lo tanto Galileo decide construir uno de esos instrumentos: un telescopio que aumenta por veinte la visión, y con él hace algo aún más novedoso, ya que los pocos instrumentos similares que hay en esa época la gente que los posee los usa para ver la tierra, el horizonte... pero la innovación de Galileo es apuntar al cielo. Así, lo primero que ve y plasma en una serie de famosos grabados publicados en un libro llamado *El mensajero sideral* es la luna. Ahora nos puede parecer muy normal, pero en la época nadie había visto la luna de esa manera, y eso tiene una gran fuerza por dos razones: Primero, porque la gente cuestiona inmediatamente el uso del instrumento, incluidos la gran mayoría de los intelectuales, por razones técnicas, pues es un instrumento que revela al apuntarlo hacia la luna que ésta tiene una superficie que no es ni lisa, ni uniforme, ni perfectamente esférica como nos explica la tradición, donde los cuerpos celestes son perfectos. Esa es la cosmología clásica, que enseña una física celeste muy diferente de la terrestre.

La luna marca el punto de inflexión, pues hasta entonces se pensaba que las esferas de los planetas tenían la característica de la perfección geométrica, como así lo habían testimoniado Platón, Aristóteles y toda la Escuela Pitagórica, quienes sostenían la esfericidad y perfección del cielo. Sin embargo, cuando miramos a la luna descubrimos que es escarpada, con relieve y desigual, como la tierra. Esa es una idea muy potente en el siglo XVII pues cuestiona que el cielo funcione con unas leyes diferentes a las de la tierra. Además, Galileo se dedica a calcular la altura posible de esas montañas a través de geometría y trigonometría. Galileo empieza entonces a presentar sus descubrimientos tanto de la luna como del resto de cuerpos celestes, los cuáles se entretiene a dibujar, y la gente empieza a ver lo celeste de otra forma.

Al mismo tiempo empezará a recibir críticas por doquier. Afirmaban sus críticos que esos instrumentos engañaban. Y en cierto modo tenían razón, pues existen aberraciones en estos instrumentos, incluso en los más modernos de hoy en día, pero son defectos perfectamente salvables. Para ello Galileo recurre a su ciencia, que son las matemáticas y mediante sus conocimientos sobre refracción, explica cómo construye este instrumento evocando a ese oficio de matemático. Sin embargo, en esa época las matemáticas aún no tienen el papel que más adelante tendrán para producir conocimiento y aún se encuentran supeditadas a la filosofía, de manera que se concebían como simplemente herramientas de cálculo y poco más, no algo que pudiera explicar la cosmología o las leyes físicas. Galileo justamente evoca esa necesidad de leer el mundo a través de las matemáticas, especialmente a través de su experiencia directa, pues en sus escritos afirma haber usado el telescopio más de cien mil veces.

La experiencia continua será de un gran valor a la hora de establecer los hechos que se dan en el cielo, pues cualquiera puede mirar al cielo y ver cosas totalmente distintas a las que estaba viendo Galileo, sencillamente porque su forma de entender el mundo es distinta e incluso se puede llegar a pensar que la tierra está en el centro del universo. Sin embargo, a partir de las mismas observaciones y tal como hace Galileo se puede deducir que es el sol el que se encuentra en el centro y los planetas giran en torno a él, en lugar de en torno a la tierra. Se abre así un debate técnico, pero también un debate conceptual alrededor de la forma de hacer ciencia, y esto que ocurre en 1610 en Italia es lo mismo que ocurrirá después en el norte de Europa con la Royal Society.

Antes de dejar atrás a Galileo, hay que mencionar el libro *Il Saggiatore* del propio Galileo, publicado en su estancia en la Accademia dei Lincei, una de las primeras academias que nace en Italia. El concepto de academia en este contexto se refiere a un espacio que agrupa a conjuntos de personas dedicadas a hacer «nueva» ciencia, dedicadas a los instrumentos y al método experimental que tan famoso se hará en la Royal Society. El corolario yace en la idea de «la filosofía se escribe en el lenguaje de las matemáticas». Un mundo sensible puede entenderse únicamente si entendemos las matemáticas. Esto empieza a cambiar un poco el paradigma a la hora de entender aquello que nos rodea, principalmente a partir de esta ciencia que empieza a usar instrumentos y a cuestionar a la ciencia tradicional.

Todo esto ocurre en 1610-1612 en Italia. Posteriormente, en 1660, en el Gresham College de Londres se reunirán el 28 de noviembre de ese año el conjunto de doce personas citadas al inicio del artículo, todos ellos filósofos naturales, matemáticos, astrónomos, personas del ámbito de la ciencia e incluso algunos religiosos. Se puede ver que la diferenciación entre ciencia y religión que hoy tenemos tan marcada no es ningún problema para esta gente. Esta sociedad científica se funda para promover el conocimiento experimental físico-matemático, por lo que esta idea que empezó a surgir en Italia aquí cogerá forma a través de este primer germen de lo que luego será la Royal Society, y en esencia, una nueva forma de ver el mundo.

En el año 1647 Robert Boyle escribe unas cartas mencionando un «Colegio Invisible», un colegio filosófico de los miembros del cuál Boyle afirma: «...me honran con su compañía. Son hombres con espíritus tan amplios y buscadores, que la filosofía de la escuela no es sino la región más baja de su conocimiento. Personas que se esfuerzan para quitar la estrechez de miras de su mente, mediante la práctica de una caridad muy extensa». Desafortunadamente tenemos muy pocas referencias de este Colegio Invisible, pero su fórmula tomará forma también en otras sociedades. La idea central del Colegio Invisible es la de formar un grupo de personas que se unen bajo un concepto de caridad evangélica muy importante para el surgimiento de gran parte de las utopías de esta época. Utopías que pretenden renovar la sociedad y que contienen por tanto un componente reformador muy potente para hacer otro tipo de filosofía. Y así es como surge la Royal Society.

En la ilustración de la portada del primer libro de la historia de la Royal Society, escrito en el 1667, vemos dos figuras amparadas por el busto del rey Carlos II, pues es una sociedad que nace bajo el amparo del rey, igual que pasará en Francia con la Academia de Ciencias. Son sociedades en las cuáles se desarrollará este nuevo conocimiento pero que no tienen nada que ver con lo que son en esa época las universidades. Esta divergencia es algo que durará muchos siglos, hasta bien entrado el siglo XIX, cuando por fin se da una renovación de las universidades. Estas universidades transmiten el conocimiento de la tradición clásica, en parte renovado quizá, pero transmitido al fin y al cabo. En las sociedades que nos ocupan no es así, pues a medida que vayan naciendo en distintos lugares, lo harán para plantear nuevas formas de conocimiento, un conocimiento más experimental. De hecho, en la parte trasera de la misma ilustración que comentábamos antes aparecen una serie de instrumentos de medición, el uso de los cuáles será muy característico de estas nuevas sociedades, ya que en las universidades no se dará el uso de los mismos hasta la ya mencionada renovación. Por lo tanto, estos autores son filósofos a los que se conocerá como filósofos experimentales, en contraposición a la filosofía natural clásica, pues lo que harán será promover una alternativa al conocimiento clásico, lo cual genera choques importantes en la época.

Nos pararemos un momento en el personaje de la derecha de la ilustración, que es Sir Francis Bacon, un importante personaje de la época a quién podemos atribuir un papel protagonista en el inicio de esta revolución en el conocimiento. La portada del libro de Bacon *Novum organum scientiarum* consta de una ilustración que contiene dos columnas, que podemos atribuir a las columnas de Heracles, y dos barcos atravesándolas, dirigiéndose a un nuevo mundo, a destinos desconocidos. Y debajo de todo ello, una cita: «Muchos pasarán, y la ciencia crecerá», transmitiendo una idea de renovación del conocimiento. El libro viene a proponer el nuevo órgano, instrumento o herramienta para la ciencia. Una nueva manera de hacer ciencia, totalmente diferente a la que hacían los autores clásicos mediante el *organum*, los tratados de lógica aristotélica. Una manera lógica, demostrativa, razonada de hacer ciencia.

Bacon promociona una nueva epistemología del conocimiento. Una nueva forma de conocer que sea diferente a la que hacen los autores clásicos que tanto peso tienen en la Edad Media, así como en los siglos XVI y XVII. Si uno iba a las universidades lo único que podría estudiar en ellas eran las autoridades clásicas como Aristóteles, Galeno o Hipócrates en el caso de la medicina. Sin embargo, estos nuevos autores afirman que hay que apartar a las autoridades, las cuáles no sirven para conocer, y hay que sustituirlas por un método experimental, un método empírico, una historia natural. Es decir, hay que renovar la forma de conocer. Esto dará lugar a que la Royal Society empiece a promover este nuevo estilo de conocer, y uno de los ejemplos es el microscopio construido por Robert Hooke, que aparece ilustrado en un libro de 1665 editado por la Royal Society del mismo autor, con el título *Micrografía, o algunas descripciones fisiológicas de los cuerpos diminutos realizadas con cristales de aumento con observaciones*. Este libro es un ejemplo de un tipo de publicaciones muy diferentes que no ocurren en ningún otro lado. En las universidades nadie publica libros de este tipo, sin embargo la Royal Society publica este libro de un personaje que construye él mismo un microscopio de alta precisión. Lo más importante alrededor de todo esto aparece en la siguiente cita del mismo libro: «No parece improbable que mediante la ayuda de estos medios llegue a descubrirse más plenamente la sutil composición de los cuerpos, la estructura de sus partes, las varias texturas de su materia, los instrumentos y modos de sus movimientos internos y todas las demás posibles constituciones de las cosas, todo lo cual los antiguos Peripatéticos se conformaban con abordar mediante dos palabras generales e inútiles (si no se explican más), como son materia y forma».

La idea resumida es que estos instrumentos nos permitirán conocer el mundo natural, lo cual parece ahora algo evidente, pero en la época no es nada evidente y aún nadie lo ha planteado así. Cuando uno mira al microscopio de la misma forma que Galileo miraba por el telescopio y veía

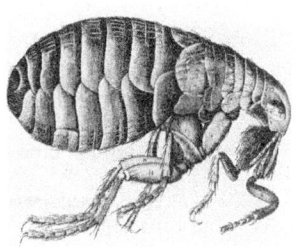

la luna, podía ver cosas sorprendentes como una pulga con un nivel de detalle y precisión que nadie ha podido contemplar hasta ese momento. Robert Hooke es el autor de dibujos de seres diminutos, como la pulga, nunca antes vistos.

Todo ello son cosas nuevas en la época, que la gente va descubriendo, y con ellas descubren también que aquella filosofía que producía conocimiento quizá no era la única posible fuente del mismo. Estos instrumentos también lo hacían, por ello serían muy criticados por unos y muy defendidos por otros, como el mismo Robert Hooke, que recibirá como muchos otros todo tipo de críticas.

EL EXPERIMENTO DE LA BOMBA DE BOYLE

Nos centraremos ahora en un personaje que es uno de los fundadores del Colegio Invisible y que será también uno de los fundadores de la Royal Society, aunque no está clara la relación entre ambos grupos, a pesar de que compartan algunos de los protagonistas. Se trata de Robert Boyle, al que seguro que muchos lectores ubican en el ámbito de la química. Boyle siempre se ha presentado como uno de los padres de la química, antes de Lavoisier, y sobre todo se ha destacado por su método experimental, por ser uno de los pioneros y grandes defensores de establecer esta nueva ciencia, este método experimental que pueda crear conocimiento, que es algo nuevo en la época. De hecho, Boyle está en la base fundacional de la Royal Society, de la cuál será un miembro importante.

Uno de los libros más conocidos de Boyle es *El químico escéptico*, publicado en 1661. No es extraño que alrededor de estas fechas empiecen a aparecer este tipo de libros. Este en concreto es un libro clásico, en formato de diálogo entre cuatro personajes más un narrador, y no aparecen instrumentos en él. El «escéptico» del título, en la época hace referencia a conocer en detalle alguna cosa. En este caso, y como reza más o menos el resto del título del libro: *Las paradojas y las dudas físico-químicas según los principios de los espagiristas y los alquimistas*. Tradicionalmente la imagen de Robert Boyle está relacionada con la de un químico ejemplar, así como la de Isaac Newton con la física, ambos han sido siempre despojados de su imagen como alquimistas. Boyle es «el padre de la química moderna», «el padre de la ciencia moderna», y por lo tanto todas las prácticas alquímicas quedan alejadas de su figura. Pero veremos como en la Royal Society, esta nueva ciencia y estos autores como Robert Boyle o Isaac Newton son también defensores de la alquimia y la practicaban. De hecho, dedicarán mucha energía a esta práctica. Por lo tanto, la cuestión es ver quiénes son estos alquimistas a los que ataca Boyle teniendo en cuenta que él también practica alquimia.

A Boyle se le ha caracterizado a menudo junto a una bomba de vacío. Esta bomba de vacío será un instrumento muy importante en la época por dos razones. De entrada cabe decir que no es un invento que transforme la vida de las personas, en este sentido no tiene la importancia que tendrán muchos otros descubrimientos, inventos o instrumentos que puedan construirse en la época, pero las razones por las que será importante son las siguientes, en primer lugar, porque el experimento de la bomba de vacío es conflictivo en la época. Nadie está haciendo experimentos, ya hemos visto que hay un personaje en Italia que está mirando al cielo y está animando a otros a hacerlo a través de su nuevo instrumento, pero esta experimentación es muy nueva en la época. Por ello, sus contemporáneos lo miran bastante de reojo y lo cuestionan mucho, dudando de si esto puede producir realmente conocimiento.

Otra razón es porque la idea de vacío en la época es un problema, pues venimos de una tradición clásica que tiene esa famosa frase de «la naturaleza aborrece el vacío», y por lo tanto el vacío no existe. Cuando se miraba al cielo se veían las estrellas y los planetas, pero no se veía la *prima materia*, el éter, que ocupaba ese espacio vacío. A partir del siglo XVII habrá un debate muy intenso acerca del vacío. Aparece un personaje como Descartes, que plantea una cosmología del Pleno, donde no existe el vacío, pero en cambio no niega la posibilidad de su existencia en la naturaleza. Por lo tanto, el vacío es un concepto y una realidad que se aborda desde un punto de vista únicamente filosófico o metafísico para explicar también la parte del cielo, esta materia que compone el cielo, y por lo tanto en la naturaleza ese vacío no puede existir, puesto que «aquí abajo» la naturaleza tiene un componente de corrupción y en cambio en el cielo no, por lo tanto funcionan con leyes distintas. Esta es la interpretación de estos autores de la época hasta la llegada de Newton unificando ambos mundos. Por todo ello, hablar de vacío será muy problemático. Veremos qué hace Boyle y cómo aborda este problema, demostrando su implicación con un nuevo método de hacer ciencia que será completamente revolucionario

Steve Shapin y Simon Schaffer, hace algunos años publicaron un libro titulado *El Leviatán y la bomba de vacío: Hobbes, Boyle y la vida experimental* en el que resumen muy bien cómo se sustenta este nuevo programa experimental o filosofía experimental, nuevo en la época. Una alternativa a la filosofía Aristotélica, a los peripatéticos, en definitiva al sistema de conocimiento que regenta las universidades en ese momento. Existen otras opciones, como la filosofía mecánica de Descartes, por ejemplo, pero los autores se centran en la filosofía experimental. Comenta el libro que esta se sustenta en tres pilares fundamentales que no existen en la época y son muy modernos:

- Una tecnología material, o el instrumento en sí, en la que encaja esta bomba de vacío, el microscopio, el telescopio, básicos para esta filosofía experimental.

- Una tecnología literaria, con una nueva forma de escribir que saldrá directamente de la Royal Society, cuyo objetivo es relatar el experimento, lo que ocurre en ese momento, en lugar de argumentar o establecer hechos argumentativos. Meramente describir el experimento y la tecnología material relacionada. Así, si alguien en otra parte del mundo quiere reproducir el experimento, podrá hacerlo. Esta nueva tecnología literaria, que hace que el lector sea un espectador virtual del experimento es algo inexistente en la época. Hasta entonces nadie detalla los experimentos, de hecho Boyle indica que deben incluirse tanto los experimentos que funcionan como los que no, algo también revolucionario en la época.

- Una tecnología social, muy importante en la época, que es el espacio público donde se desarrollará esta actividad y que fue la Royal Society.

Puede cuestionarse el concepto de «espacio público» teniendo en cuenta que no cualquiera podía entrar en la Royal Society, pero cuando se habla de «público» se habla de que esta nueva forma de hacer ciencia funciona a partir de un consenso. Ya no son argumentos dialécticos que se van discutiendo, si no un consenso de las personas que están ahí llevando a cabo el experimento y levantando actas sobre el mismo, con lo que se valida el

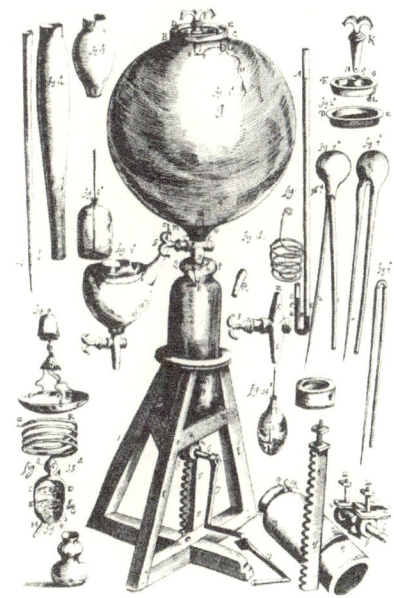

conocimiento a partir de esta nueva forma, y en ello el espacio es fundamental pues esto no se está haciendo en las universidades o en sus entornos, es estrictamente propio de estos espacios como la Royal Society. Estos tres ejes serán importantísimos.

Veamos en qué consiste el experimento de la bomba de vacío, que muestra la implicación de Boyle con el método experimental, algo totalmente diferente a lo que podían hacer otros filósofos naturales de la época.

La bomba de vacío fue descrita por el propio Boyle y también detalló su composición: un globo de cristal de unos 30L, lo máximo posible en la época debido a las limitaciones de los artesanos, las llaves, la posibilidad de sustituir piezas, de graduar mediante las válvulas, etc., todo exquisitamente explicado. Esto plantea muchos problemas y críticas. De entrada, una de las críticas principales que le hará Thomas Hobbes, el famoso autor de *El Leviatán*, así como de otra obra mucho menos conocida, un diálogo sobre la naturaleza del agua, en el cuál ataca y cuestiona directamente a Boyle y a su método. Su principal cuestionamiento gira en torno a las dudas acerca de la estanqueidad real de la válvula de la bomba de vacío. Boyle tenía ciertamente muchos problemas de fugas y desarrolla incluso unas resinas que explica en su propio libro para solucionar dichos problemas. En resumen, intentará ir solucionando los problemas que el aparato le va provocando, aparato que vale la pena recordar fue construido también por Robert Hooke. Boyle es el jefe del laboratorio, por así decirlo, de experimentación donde se construyen estos instrumentos que luego se llevan a la Royal Society para mostrarlos en sociedad.

A partir de ahí, publica un libro llamado *Los nuevos experimentos* en el que aparecen cuarenta y tres experimentos realizados en el laboratorio, usando esta fórmula nueva de la tecnología literaria que no se usaba en la época. Nos centraremos en uno de esos cuarenta y tres experimentos, que da origen a la propia bomba de vacío, y que es «el vacío dentro del vacío». Veremos cómo se analiza y como se resuelve esta confrontación con los filósofos naturales de la época que niegan que en la naturaleza pueda haber un vacío.

Uno de los experimentos clásicos de la época, ideado por Galileo, es el de montar una bomba desde lo alto de un edificio desde donde se succiona agua de un depósito a través de un tubo, y al abrir el tubo, el agua se mantiene a una altura de 10 metros en lugar de volver a caer, debido a la presión. Sin embargo, en esa época nadie sabía acerca de la presión ni se cuestionaba nada acerca de ello. Por lo tanto, es un fenómeno que intriga mucho a los intelectuales y filósofos naturales de la época, y esto desencadenará que todo el mundo, de una manera u otra, se ponga a analizar este fenómeno. Uno de ellos será uno de los discípulos de Galileo, que llevará a cabo el famoso «experimento de Torricelli».

En este experimento se coloca un tubo de un metro de alto, lleno hasta arriba de mercurio y tapado. Se invierte, se pone en un recipiente en el que también hay mercurio, y el mercurio cae hasta 76 cm, el valor que se le dará a la presión atmosférica. Pero esto plantea un problema, pues volvemos de nuevo a lo mismo: nos queda un espacio arriba donde tenemos una columna suspendida. Si el vacío no existe en la naturaleza, ese espacio no puede existir. Es un gran problema abrir el debate sobre si ese espacio es vacío o no, pues es una cuestión metafísica y los experimentos, así como las matemáticas, en el siglo XVII aún no son un fundamento suficientemente sólido para establecer conocimientos, esto solo lo permite la filosofía natural. Por eso, cuando Galileo, que es matemático, descubre los satélites de Júpiter y decide enviar su libro explicando todo lo que ha descubierto sobre el cielo con su telescopio a los Medici, que son los grandes patrones de la época, y les pide trabajo, les dice «yo soy matemático y pido trabajo en la corte como matemático y como filósofo natural». Esa última parte es importante, pues él como matemático en la época no puede cuestionar la cosmología o el orden establecido, pero como filósofo natural sí. Y así es como tendrá algún margen para empezar a discutir sobre estas cuestiones. En el momento en el que Torricelli muestra el resultado de su experimento la cuestión del vacío sigue siendo un tema abierto de discusión entre todos los filósofos naturales.

Boyle, como filósofo natural que es, lo que hace es realizar su experimento n.º17, que es «el vacío dentro del vacío». En este, pone un tubo dentro de la bomba de vacío partiendo de una premisa: «si fuera la presión atmosférica a nivel del mar es de 76 cm, ponemos el tubo dentro de la bomba y aislamos este espacio, sacamos la variable de la presión y la podemos manipular, teóricamente vaciando todo el aire de dentro de la bomba no debería haber nada que mantuviera al mercurio y este debería caer todo». Una de las grandes confirmaciones de este experimento es la famosa ley de Boyle, la ley de gases que relaciona masa y volumen de manera inversamente proporcional.

Cuando Boyle empieza este experimento, empieza a bombear y la primera consecuencia rápida es una caída brusca del mercurio. Punto y aparte merece el tema de la dificultad de trabajar con esta bomba por su fragilidad, cosa que también suscitará muchas críticas pues, ¿cómo pueden producir hechos estas máquinas, si se rompen? Hoy en día puede parecer muy obvio, pero en la época no lo era tanto.

Volviendo al experimento, Boyle se encuentra con que llega un momento en que el mercurio no baja más y por tanto no llega abajo de todo. Es más, después si se empieza a introducir aire, tampoco el mercurio llega al punto donde teóricamente debería estar. Boyle se pregunta por qué, y llega a la conclusión de que la máquina puede tener fugas, lo que explicaría que no llegará hasta arriba. De manera que hacen pruebas diferentes con otras máquinas semejantes, y por ello puede decirse, a priori, que la máquina tiene parte de culpa. Sin embargo tenemos la pregunta básica que hace Boyle, ¿se infiere o no de este noble experimento la existencia de un vacío? Y Boyle nos da dos conclusiones, en la primera define el vacío desde un punto de vista experimental, no metafísico. Le da igual si el vacío existe o no, no entra en esa cuestión metafísica, ya hay mucha gente discutiendo sobre ello con todo lo que comporta. Boyle por primera vez presenta el problema desde un punto de vista experimental. ¿Y qué es el vacío? El vacío es un espacio casi carente de aire, y por lo tanto, es un espacio válido para la experimentación, pero nada más. Boyle no cuestiona si existe o no, y esta es la gran diferencia con los filósofos naturales.

Este espacio vacío, en los siglos XVII y XVIII, será muy importante para la experimentación. El mismo Lavoisier aparece con estos instrumentos experimentales en su famoso retrato realizado por David, así como otros tantos científicos que también investigarán sobre estas cuestiones.

La segunda conclusión de Boyle, según él mismo explica, es que el hecho de que el mercurio no acabe de subir y bajar se debe a la elasticidad del aire. Esto será el germen de la ley de Boyle de relación entre volumen y presión. Esta elasticidad es otra cosa nueva porque no es un concepto metafísico, no es un concepto teórico, es una realidad, es un hecho observacional que podemos extraer de este experimento. Y esto que hoy nos resulta muy obvio en muchas cosas, en la época es muy cuestionado, Hobbes, por ejemplo, cuestiona la validez de los hechos para establecer ciencia. Pero aquí se encuentra el gran paso del programa experimental de Robert Boyle.

NUEVA CIENCIA VERSUS ALQUIMIA

Alrededor de esta nueva ciencia, de esta nueva forma de entender el mundo que es muy cercana a la ciencia que tenemos hoy en día y de hecho es la base de la ciencia de hoy, surge en la época otra gran pregunta:

¿qué ocurre con la alquimia? En *El químico escéptico* Boyle no rechaza la alquimia del campo del conocimiento, si se observa con detalle lo que allí explica.

En el año 1665 comienza la publicación de la revista de la Royal Society *Philosophical Transactions*, que es otra novedad, la publicación de revistas de estas sociedades conteniendo los experimentos de sus miembros, también lo veremos en Francia, con el *Journal des savants* de la Academia de Ciencias. Esta es la tecnología literaria de la que hablan Shapin y Schaffer. En dicha revista, aparece un artículo, en 1675, firmado con las siglas «B. R.» titulado «Acerca de la incalescencia del mercurio con oro», donde explica que cree haber encontrado la piedra filosofal, al haber conseguido una amalgama de mercurio y oro que, de manera atípica, se calienta y mantiene el calor. Y por lo tanto, este hecho le hace creer que ha encontrado la piedra filosofal y publica un artículo extenso de unas doce páginas, en latín, que es traducido en la Royal Society y es publicado como algo normal y corriente en la revista, pues muchos de estos autores, a pesar de formular una nueva ciencia, consideran a la alquimia como parte de esta nueva ciencia experimental.

Cuando se nos habla de algunos personajes del siglo XVII como Robert Boyle, normalmente lo presentan como un químico, mientras que a George Starkey o Eirenaeus Philalethes lo presentan como un alquimista. Y esto es un gran error porque en la época no hay una distinción clara entre química y alquimia como la tenemos hoy, hay una práctica común para todos estos personajes, es decir, todos ellos viven en la misma época, algunos de ellos en la misma zona, escriben sobre las mismas cosas, experimentan sobre los mismos productos, y por lo tanto no sirve hablar de «química y alquimia». No hay ninguna distinción en la época. Una prueba de ello es uno de los tratados alquímicos más importantes de Newton lleva como título *Novum quimicum*.

Otro autor, Libavius, escribe una obra titulada *Alquimia* que no tiene nada que ver con la alquimia propiamente dicha, al menos desde el prisma que tenemos hoy en día. La separación entre química y alquimia aparecerá después, en el siglo XVIII, cuando los puramente químicos quieran constituir una ciencia química y darle, en cierto modo, un estatus académico, separándola de todas estas prácticas que pudieran ser objeto de representaciones diversas, tal como era la alquimia y sus confusos y oscuros símbolos.

Boyle no ataca a los alquimistas, pues dice: «Créeme cuando digo que distingo entre aquellos químicos que son tramposos aunque laborantes y los verdaderos adeptos». Por adeptos Boyle entiende aquellos iniciados en los secretos de la «alta alquimia», con conocimientos filosóficos acerca de la espagiria, y los diferencia de los químicos relacionados con esta misma espagiria, la cuál es una disciplina que viene de Paracelso y que buscaba crear medicina a partir de la alquimia. Boyle, en realidad, ataca a esta alquimia espagiria y a la interpretación paracelsiana de la misma. No atacará a su alquimia, la de la búsqueda de la piedra filosofal, de la búsqueda del oro, que practicará activamente como Newton. Este último escribe alrededor de un millón de palabras únicamente sobre alquimia, de las cerca de tres millones de palabras totales que escribió.

Con esto surge otra pregunta: ¿Por qué estos autores, que han quedado como los grandes emblemas de la ciencia, padres de la física y la química, se dedican tanto a buscar la piedra filosofal y el oro alquímico? La respuesta la encontraremos en obras modernas que presentan una renovación historiográfica, donde se intenta comprender qué es realmente esta alquimia. Un par de ejemplos de esta literatura son *The Aspiring Adept* de Lawrence M. Principe, que gira alrededor de la figura de Boyle, y *Newton The Alchemist*, de William R. Newman, girando claro está alrededor de la figura de Newton. Es interesante también ver *The Newton Project*, un proyecto interesantísimo que se dedica a digitalizar, traducir, transcribir e interpretar todas las obras de Newton. Ahí podemos encontrar multitud de tratados experimentales de Newton acerca de la alquimia, como uno descubierto recientemente en año 2016, consistente en una receta para realizar la piedra filosofal, explicando la búsqueda y preparación del mercurio filosofal por medio del «régulo estrellado», un concepto alquímico que es central en la búsqueda alquímica de la piedra filosofal.

En este manuscrito, Newton menciona a un «filósofo americano», y de hecho, este manuscrito es prácticamente una copia debidamente referenciada de otro autor, que no es otro que el anteriormente mencionado George Starkey. Un personaje fascinante pues es un médico y filósofo natural americano que llega a Londres en 1650 y se dedica a producir notas de laboratorio alquímicas muy interesantes derivadas de sus experimentos. Starkey formará parte del Círculo de Hartlib, y desarrollará una gran amistad con Robert Boyle, con quién trabajará estrechamente en la búsqueda de la piedra filosofal. Starkey escribió con el seudónimo de Eirenaeus Philalethes, mediante el cual fue capaz de publicar obras importantísimas acerca de la alquimia como *La entrada abierta al palacio cerrado del rey* y cartearse con personalidades alquímicas y científicas de la época.

La entrada abierta al palacio cerrado del rey tiene una gran importancia en la alquimia de la época pues es un tratado en el cual se da la posibilidad de que otros intelectuales puedan entender el oscuro lenguaje alquímico y por lo tanto, de alguna manera, puedan renovar dicho conocimiento. La idea de la renovación no es otra cosa que una crítica muy fuerte a la sociedad de la época, una crítica a la corrupción, al dinero, a la maldad de las personas, etc. Starkey como puritano miembro del Círculo de Hartlib también tiene ideas utópicas de renovación propias del Invisible College, de los rosacruces alemanes, de Hartlib, Comenius y Johan Valentin Andreae. Este tratado no es simplemente un tratado alquímico para conseguir el mercurio filosofal por el que tan interesados están todos los alquimistas de la época, sino que además presenta la idea de la que hablamos sobre las utopías de la Nueva Jerusalén, de una edad de oro, que sea comprendida por los alquimistas y rosacruces, para que puedan convertirse ellos mismos en los «adeptos» que mencionaba Boyle, y puedan renovar la sociedad con la piedra filosofal como raíz, pues si logran encontrarla el dinero, al cual sitúa como el principal problema de la época, perdería su valor y esa sociedad ideal que se espera llegaría de la mano de la alquimia.

A día de hoy, cuando miramos al alquimista de esa época imaginamos a un personaje intentando crear oro en su laboratorio, una versión mitificada de la historia, pero una relectura de esta alquimia, insertada en la sociedad de la época, nos permite comprender esta renovación, esta nueva manera de hacer ciencia para renovar el conocimiento de lo que es el saber y a la vez renovar la sociedad. Esta parece ser la verdadera motivación y preocupación principal de estos autores. El propio Starkey escribe mucho sobre medicina, y aporta soluciones en la época contra la peste, enfermedades diversas, que de hecho acabarán siendo importantes tratados de la medicina. Por lo tanto, hablamos de personas que están muy preocupadas por la sociedad de su momento. Pensemos en aquella caridad evangélica Colegio Invisible como algo que permitirá que al final esta gente conciba la ciencia como algo no tan alejado de la religión. Muchas de estas utopías no enfrentan a la ciencia con la religión. Con la alquimia pasa algo similar, en realidad podemos ver estos textos como una manera de renovar el conocimiento que pone sobre la mesa la cuestión de que quizá la piedra filosofal en el siglo XVII cumplió su cometido y que no fue otra cosa que el de actuar como un verdadero catalizador para renovar el conocimiento de la época. Y estos autores que hemos mencionado son los principales actores de la lucha por esta transformación del conocimiento, dejando atrás las autoridades clásicas y abogando por una sociedad mucho mejor, que se manifestará en todas estas utopías, y en estas sociedades, como la Royal Society, que nacen fuera de la universidad. ⚜

THE BUILDER

Reedición actualizada e ilustrada, en español y en inglés de una de las revistas de masonería más importantes de la historia publicada entre 1915 y 1930 en EE.UU.

The Builder (*El Constructor*) fue editada originalmente entre 1915 y 1930 por la National Masonic Research Society bajo la dirección del hermano Joseph Fort Newton. La revista está considerada por muchos expertos e investigadores masónicos como la mejor revista norteamericana de masonería de todos los tiempos. Los 185 números publicados a lo largo de 15 años comprenden miles de excelentes artículos sobre la historia, filosofía, jurisprudencia, regulaciones, poesía y simbolismo del mundo de la masonería. Esta edición constituye la versión española de tan prestigiosa publicación traducida y maquetada con un diseño actual por el equipo editorial de MASONICA - EDICIONES DEL ARTE REAL. En todo momento se han respetado los contenidos originales de la revista, no habiéndose eliminado, modificado, ni añadido nada en sus textos. La única diferencia son las imágenes incorporadas a modo de mejora estética de la publicación, que por la época en que vio la luz resultaría excesivamente simple y monótona para el lector de hoy en día.

David Suárez Dorta (Tenerife, 1971). Investigador y escritor. Formado como Diseñador Gráfico y Gestor Cultural. Ha trabajado en radio y prensa, así como educador y diseñador gráfico en varias empresas. Por otro lado, siempre ha sentido gran atracción por el mundo de la meditación, el simbolismo, el esoterismo, las sociedades secretas o las terapias alternativas. Ha escrito varios libros sobre Mandalas o Cuentos de Hadas. Actualmente dirige la revista *Cultura Masónica*, y dirige y presenta el programa de podcast *Biblioteca oculta*. Es autor de la conocida obra *rosacruces, historia y personajes* (Editorial Almuzara). En su último libro *Misterios y mitos del pasado* (Ed. Delfos), expone una interpretación esotérica sobre el origen del Universo y el ser humano.

ORÍGENES
DEL GRADO MASÓNICO
DE CABALLERO ROSACRUZ

David Suárez Dorta

En Occidente, la denominada Tradición Esotérica se ha manifestado a través de varias organizaciones que, entendemos, la han representado a lo largo de la historia hasta el presente. Dos de ellas son el movimiento rosacruz y la masonería. A primera vista encontramos que ambas se cruzan en algunos sistemas de altos grados, como en el Rito Francés Moderno, el Rito Escocés Antiguo Aceptado (REAA) y otros. Tema este que intentaré exponer, aclarando que no pretendo sentar cátedra, ya que todo lo que tiene que ver con la historia de estas organizaciones, siempre aparece cubierto por una neblina que hace difícil tener una idea clara y bien delimitada de sus respectivos orígenes y desarrollos, especialmente con la rosacruz.

Por ello, vamos a llevar a cabo esta presentación desde dos frentes. El primero, a través del «cómo» se pudo producir la llegada de tal grado a la Orden del Gran Arquitecto de Universo. La otra, el «porqué», abordando las posibles causas que motivaron la aparición del mismo.

ORÍGENES DEL GRADO MASÓNICO DE CABALLERO ROSACRUZ

Comencemos por el cómo se produjo la aparición de tal grado. Mas, para poder comprender bien la génesis del mismo en el seno de la masonería, tenemos primero que hacer un repaso por las relaciones que ambas organizaciones han tenido.

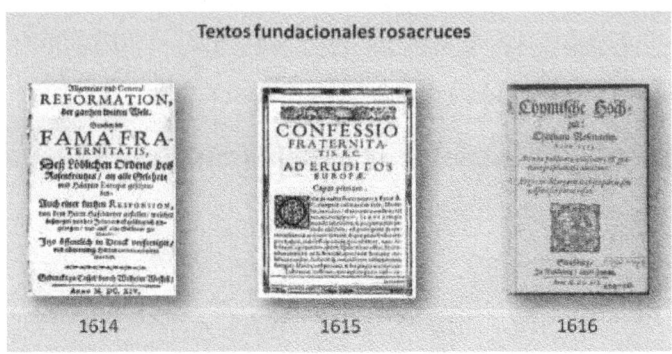

Antes de empezar, también contextualicemos que el rosacrucismo aparece en la escena pública en la segunda década del siglo XVII, con la publicación de unos textos, los manifiestos rosacruces, concretamente la *Fama Fraternitatis Rosae Crucis* (1614), la *Confessio Rosae Crucis* (1615) y *Las bodas químicas de Christian Rosenkreutz* (1616). Dichas publicaciones, en especial las dos primeras, causaron una notable repercusión entre los intelectuales de la época. Así, personajes como Comenio, Descartes o Van Helmond mostraron interés y buscaron unirse al movimiento rosacruz. Otros personajes relevantes, como Francis Bacon o Shakespeare fueron vinculados a esta organización, aunque no existen pruebas de tal militancia.

Unas décadas después de la aparición de dichas publicaciones, encontramos en Escocia un poema de Henry Adamson, titulado *El lamento de las musas*, de 1638, en el que se nombra a rosacruces y masones en una misma estrofa, la cual dice:

«Porque lo que presagiamos no es trivial,
pues somos hermanos de la rosacruz;
poseemos la Palabra del masón, y la segunda visión,
las cosas futuras podemos predecir con precisión».

ORÍGENES DEL GRADO MASÓNICO DE CABALLERO ROSACRUZ

Casi cuarenta años después, en 1676, se publica en un tabloide de Edimburgo que el gremio de los masones, los rosacruces y los hermetistas se reúnen para cenar juntos en una taberna.

Más adelante, en 1692, el pastor protestante Robert Kirk (1644-1692) publica *La comunidad secreta*, un libro en el que recoge leyendas y tradiciones celtas de las Highland. Concretamente afirmaba, en relación a los seres «feericos» subterráneos, que: «Poseen otros libros, de significado tremendamente complicado, muy al estilo de los rosacruces»[1]. Dicho autor, en el glosario que hace para acompañar ese mismo texto, dice del término *Rosacruz*: «Poseedor de artes cuasi mágicas»[2]. En otra parte de esa misma obra, también habla de las palabras secretas de los masones, «Boaz y Jakin».

Sin salir de Gran Bretaña, en 1696, se celebra en Londres la primera Gran Asamblea de la Real Orden de Escocia, cuya sede estaba, y está, en Edimburgo. Dicha Orden consta de dos grados, Heredon de Kilwinnin, (a veces lo encontramos como Kelwinnin) y Rosacruz. Esta misma Orden, ya en 1730, celebra otra asamblea en Londres, en la taberna El Cardo y la Corona (indudablemente por el nombre el tabernero debía ser escocés). Además, esta Orden tenía un claro vínculo estuardista, pues en 1747 el último de los aspirantes jacobitas al trono, reivindicó ser el Soberano Gran Maestro de la Real Orden de Escocia[3].

---

[1] Kirk, Robert - *La comunidad secreta* - Ed. Siruela.
[2] Ibídem.
[3] https://masoneriaantigua.blogspot.com/2015/03/la-real-orden-de-escocia-o-la-masoneria.html

ORÍGENES DEL GRADO MASÓNICO DE CABALLERO ROSACRUZ

Como vemos, existen muchas referencias al rosacrucismo en Escocia, y la mayoría vinculadas a la masonería. Da la sensación de que por esas tierras, ambos temas eran ciertamente accesibles, casi de cultura popular. En el caso masónico, no resulta algo raro, pues se arrastraban desde el Medievo las logias operativas; pero en el de la rosacruz, es más complicado de entender.

Como es sabido, en 1717 se funda la Gran Logia de Londres, luego denominada de Inglaterra, madre de la masonería moderna. Se ha vinculado a James Anderson al rosacrucismo, pero sobre todo al otro artífice de esta fundación y la publicación de las *Constituciones de Anderson*, Jean Theophilus Desaguliers. Ambos interesados en la alquimia y la naometría: las medidas del Templo de Salomón y su simbolismo esotérico.

Además, a dichos personajes también se les considera los promotores del grado de Maestro masón tal como lo conocemos, con la representación de la leyenda de Hiram. Siendo lo más probable que fuera en algún grupo o logia, a la que estos quizá pertenecían o conocían, la que desarrollara dicha ceremonia. De hecho, una de las nebulosas en la historia de la masonería es el origen de este ritual y su leyenda. Se han postulado muchas teorías al respecto. Una de ellas la vincula al rosacrucismo, en el sentido de que encuentra ecos con la historia del descubrimiento de la tumba de Hiram Abiff con la de la cripta y féretro de Christian Rosenkreutz, mítico fundador de la Fraternidad Rosacruz. Dicha hipótesis se apoya en esa supuesta pertenencia de Anderson y Desaguiliers, así como otros de ese círculo de masones que crearon la moderna masonería, al rosacrucismo, o al menos que éstos conocían bien el contenido de la *Fama Fraternitatis*, donde se narra la historia de Christian Rosenkreutz. Generando una leyenda que refunde varios mitos y ceremonias que se practicaban en algunas logias de Irlanda y Escocia, como la de Noé y otras, con la rosacruz. Todo esto, sin que la idea arquetípica implícita en esta leyenda sea puesta en duda, al contrario, pues esta sería una de las maneras que tuvo para perpetuarse. Lo cierto es que en la Real Orden de Escocia vamos a encontrar en sus rituales varios de los antecedentes, variantes y ecos de la leyenda del tercer grado, tal como el investigador y escritor Alberto Moreno propone[4].

---

[4] Moreno Moreno, Alberto - *El origen de los grados masónicos* - Ed. MASONICA.

ORÍGENES DEL GRADO MASÓNICO DE CABALLERO ROSACRUZ

Incluso al poco de nacer la masonería, concretamente un 5 de septiembre de 1730, encontramos publicado en el periódico inglés, el *Daily Journal*, un escrito que indicaba que los masones habían copiado sus ceremonias de los rosacruces. En esa línea, algunos investigadores más recientes llegan a afirmar que la masonería moderna fue una creación de los rosacruces, como la historiadora inglesa Frances Yates en su magnífica obra *iluminismo rosacruz*. Otros, directamente, afirman que el proyecto rosacruz, que no consiguió cuajar al principio del siglo XVII, tuvo su segunda versión con éxito en 1717 con la moderna masonería, tal como indica el profesor Pedro Álvarez Lázaro[5].

De ser cierto, la masonería no sería el único movimiento impulsado por los rosacruces, pues otras organizaciones también nacieron de la mano de éstos. Como los *Colegios Lucis*, antecedentes de la *Royal Society*, academias de investigación y difusión científica, que a lo largo del siglo XVII se fundaron en aquellas zonas de Europa donde el rosacrucismo dio muestras de existencia. De hecho, como indicamos, Desaguliers era miembro de la *Royal Society*.

 En relación al grado de Caballero Rosacruz del REAA o el de Soberano Príncipe Rosacruz del Rito Francés[6] (a veces aparecerán de forma intercambiada en ambos ritos), podemos preguntarnos si existe algún vínculo directo o si estos títulos son meramente honoríficos hacia esta sociedad.

Expondré ahora una de las hipótesis que me parecen más interesantes, siempre dejando claro que no es mi pretensión sentar cátedra, y que investigaciones sobre estos temas están siempre abiertas a nuevos datos y líneas de trabajo.

Es muy sabido por los amantes de los altos grados que el caballero Ramsay dio un discurso (1736-1737) en el que hablaba de la existencia de otra masonería, compuesta por caballeros, sin dar más detalles del tema.

---

[5] ÁVAREZ LÁZARO, Pedro - *La masonería como escuela de formación del ciudadano* - Ed. Universidad Pontificia de Comillas.
[6] En ocasiones vamos a encontrar que se usan ambos calificativos, de Caballero o Príncipe, indistintamente, en ambos ritos, dependiendo de las tradiciones masónicas de cada país y Oriente. Aparte, ambos grados, a pesar de sus diferencias, son enmarcados aquí conjuntamente en relación al tema de estudio de este escrito, la influencia de la rosacruz en la masonería, no pretendiendo ponerlos en un mismo saco ni confundirlos.

ORÍGENES DEL GRADO MASÓNICO DE CABALLERO ROSACRUZ

Aunque, como afirma el profesor Javier Alvarado Planas[7], sabemos que se refería a la Orden del Hospital, y no a los Templarios, como se dejó correr por mucho tiempo. De hecho, al poco, empezaron a aparecer grados caballerescos por Europa, sobre todo vinculados al templarismo, debido, en mi opinión, a esta confusión. Así, las capas blancas con cruz paté, mandobles y ordenaciones caballerescas, florecieron en muchas logias, siendo Centroeuropa donde más cuajaron estos sistemas. La fiebre pasó, el neotemplarismo parece que no tuvo el éxito esperado, en especial aquellos Ritos más vinculados a la religión. Pero otro grado irrumpió en el panorama masónico del momento, el de Rosacruz. Este sí tuvo un mayor éxito, especialmente en Francia. Sobre todo por las ideas de cristianismo esotérico, alquimia y, en general, la sabiduría que se le atribuía a dicha organización. Tal grado se convirtió en una especie de *Non plus ultra*, un nivel al que muchos masones de ese siglo querían tener acceso[8].

Por otro lado, es curioso observar que cuando Ramsay hizo su discurso, no existía, que se sepa, ningún cuerpo caballeresco o templario vinculado a la masonería en Inglaterra o fuera de ella. De hecho, a las islas británicas el templarismo llega de Europa continental, instalándose y dándole la forma que hoy posee. Siendo a partir de entonces parte de la masonería de esas islas, y por supuesto proporcionándole su propia impronta y pátina de antigüedad.

Por aquellos años, en Gran Bretaña sólo se practicaba, fuera de los tres grados simbólicos, el *Santo Arco Real de Jerusalén* (que parece que en sus primeros momentos se denominaba *Maestro Escocés*), también algunos grados de Marca, y la ya nombrada *Real Orden de Escocia*. Con lo que es factible suponer que tales caballeros, esa otra masonería a la que posiblemente se refería Ramsay en su discurso, fuera esta Orden escocesa, comparándolos a los hospitalarios católicos -los caballeros de Malta- por su fama de buen hacer hacia los más necesitados. Este individuo, que en ese momento residía en Francia como exiliado, y como masón que había visitado Gran Bretaña, debía conocer la existencia de esta organización -la *Real Orden de Escocia*-, incluso es posible que fuera miembro de la misma. Con lo que la motivación implícita en tal discurso, seguramente fue la

---

[7] ALVARADO PLANAS, Javier – *Templarios y masones. Las claves de un enigma* – Ed. Sanz y Torres.
[8] SÁNCHEZ CASADO, Galo – *Los altos grados de la masonería* - Ed. Foca.

de legitimar la masonería escocesa sobre la inglesa, y para ello hacía referencia a tal Real Orden, fundada míticamente por cruzados siglos atrás. Además de ello, Ramsay era católico y partidario de la dinastía Estuardo, y de esa manera ponía a la masonería escocesa –y por lo tanto a Escocia– por encima de la inglesa.

Como ya indicamos, la rosacruz irrumpe como uno de los grados más codiciados de los masones de la zona continental de Europa, la cual en numerosos textos aparece como *Rosacruz de Heredom* o *Kilwinning*. Este último término, recordemos, es como se llama el primero de los grados de la *Real Orden de Escocia*.

Tal Orden, tiene dos grados, cada uno con escenarios diferentes[9], lo cual recuerda mucho las cámaras en que se desarrolla la ceremonia de recepción del grado de Caballero Rosacruz. Además, en ambas ceremonias, la del CRC y la del segundo grado de la *Real Orden*, se obvia la leyenda fundacional narrada en la *Fama Fraternitatis*. En uno y otro caso, con sus diferencias, realzan la figura del Nazareno en relación a su grandeza humana y como emblema redentor, y en especial su resurrección. Mas, en ambas, forma parte también el elemento del secreto iniciático, relacionado más concretamente con la alquimia de forma más o menos implícita, así como dar un significado alternativo y diferente a algunos de los tópicos del cristianismo. En el caso de la Real Orden, recordando que solo la fe en Cristo nos salva, pues Escocia es Calvinista, y como se sabe los rituales de la masonería en sus diferentes grados simbólicos fueron adaptados a esta fe. En el caso del Grado Rosacruz de REAA, cuando Albert Pike lo reconstruye a partir de la década de 1850, lo hace introduciendo la idea de la reconstrucción del segundo templo. Esta modificación va a influenciar a algunos Supremos Consejos de este Rito hasta el día de hoy.

Aparte de dichas influencias, en la aparición de este Alto Grado podemos notar también el ascendiente de otra organización rosacruz que funcionaba sobre todo en Europa Central, la conocida como *Rosacruz de Oro del Antiguo Sistema*.

Esta organización apareció por primera vez nombrada en la obra *La verdadera y auténtica preparación de la piedra filosofal por los hermanos de la Orden de la Rosa Cruz de Oro* (1710), de Sincerus Renatus, seudó-

---

[9] Ward , J. S. M. - *Manual de los grados superiores: Rito de Emulación* - Ed. MASONICA.

nimo de Samuel Richter, un pastor luterano. En la segunda parte de esta obra se indican las normas de la misma. No sabemos si dicha Hermandad realmente existió o únicamente fue la invención literaria de ese individuo, pero se ha comprobado que se basa en dos libros aparecidos en el siglo anterior. Uno titulado *Eco de la fraternidad iluminada por Dios,* de un tal Julios Speerber, y en otro llamado *Themis Aurea* de Michael Maier. Mas los reglamentos los toma de una sociedad alquímica alemana de 1577, la Orden de los Inseparables, esta última de cinco grados. Existiera o no la Rosacruz de Oro, sirvió de modelo para que en 1747 un tal Herman Fictuld, intentara unificar varias iniciativas rosacruces de Centroeuropa, lo cual no cuajó. Pero gracias a ello se terminó creando en 1757, en Fráncfort del Meno, otra que sí logró cristalizar, llamada Rosacruz de Oro del Antiguo Sistema, de corte claramente masónico.

Aclaremos que la Rosacruz de Oro del Antiguo Sistema, aunque propiciada por masones, no era un sistema masónico de altos grados, pero sí que estaba restringido a los masones con el grado de Maestro, con el objetivo de filtrar a futuros miembros. Constaba de un sistema de nueve grados, que serían más adelante replicados en los siguientes siglos por otras organizaciones rosacruces. Además, esta Orden sufrió varias restructuraciones a lo largo del siglo XVIII.

Pensemos que el grado rosacruz dentro de la masonería, aparece por primera vez en torno a 1757 y 1761, en Lion y Estrasburgo, zonas de gran influencia alemana. Además, este no estaba aún inscrito en un sistema de grados dentro de la estructura de un Rito, sino como el resto de grados que fueron apareciendo por esos tiempos. Lo cual consistía en que, generalmente, se accedía con el único requisito de ser Maestro masón. Como ejemplo de otros grados, encontramos los de Elegido, Caballero y otros (algunos, incluso, no han llegado a nosotros, pues la falta de uso llevó a su desaparición, y otros solo se transmitían por comunicación). En cualquier caso, lo más probable es que la presencia del elemento alquímico que encontramos en el grado rosacruz de la masonería podemos remitirlo a la Rosacruz de Oro del Antiguo Sistema.

Como indicamos, esta se nutría de masones con el grado de Maestro. Contaba con nueve grados, cada uno con un programa de estudios, que incluían una instrucción en el simbolismo alquímico y su práctica. De hecho, cada grupo en esta Orden solía contar con un pequeño gabinete alquímico, en el que los miembros hacían experimentos de este Arte. Así como mantener periodos de reflexión individual, haciendo hincapié en que el sujeto era a la vez el alquimista y el elemento a transmutar. En otras palabras, la obra se realizaba dentro del candidato, él debía operar este trabajo en sí mismo; debía transformarse en algo mejor. Además, de también trajinar operativamente en dicho laboratorio, buscando fabricar oro.

El hecho de que la Rosacruz de Oro del Antiguo Sistema se nutriera de masones, seguramente produjo que en muchas ocasiones compartieran local. Con lo que no debió ser difícil que se influenciaran la una a la otra.

La más clara huella de tal influencia en la masonería la encontramos en la incorporación en la cámara de reflexión de un claro simbolismo alquímico ajeno a la tradición de la albañilería o de lo que venía de las islas británicas. Caso del V.I.T.R.I.O.L.; el azufre, la sal y el mercurio; así como los elementos relacionados con Saturno, como el reloj de arena o la guadaña. Claro está, dicha influencia se debió producir de forma generalizada en los ritos simbólicos practicados en Francia y Bélgica a finales del siglo XVIII. Lo cual terminó cuajando hasta la formación del ritual simbólico adoptado por las logias del Rito Francés y, décadas después, al REAA también en sus grados iniciales. Por ejemplo, en el ritual simbólico aprobado por el Gran Oriente de Francia en 1785, se indica la colocación de azufre y sal dentro de unas vasijas en la habitación donde el candidato esperaba para su iniciación[10]. El mercurio no estaba, ya que, quizá, el propio candidato lo representaba, o por cuestiones de seguridad, pues este elemento es altamente tóxico.

En relación a la alquimia, tal influencia la podemos ver en la asociación de los cuatro elementos clásicos de la naturaleza (tierra, aire, agua y fuego, y no necesariamente en ese orden) a las cuatro pruebas de la iniciación. Recordemos que nada de esto es parte de la masonería tras su fundación; ni la decoración alquímica de la cámara de reflexión o la dicha asociación de los elementos en el resto de pruebas. Además, este vínculo solo se dio en el continente, seguramente debido a la presencia del grupo alquímico-rosacruz antes nombrado. Por supuesto, tal influencia se debió producir de forma paulatina, y no necesariamente de manera directiva, sino que seguramente tales elementos fueron siendo colocados conforme aumentaba el interés en la alquimia de los masones que los propiciaron,

---

[10] FAIVRE, Atoine y NEEDLEMAN, Jacob - *Espiritualidad de los movimientos esotéricos modernos* (Cap. VIII - *Francmasonería y esoterismo* por MAZET, Edmond) - Ed. Paidós.

con el deseo de mejorar el ceremonial de cara a su representación e impacto en el recipiendario[11].

Incluso la moda hacia lo egipcio que tanto éxito tuvo en Francia a finales del siglo XVIII y principios del XIX, probablemente produjo que en el ritual para el ágape que se celebra en Semana Santa por parte de los miembros del capítulo rosacruz del REAA, incluyera referencias al faraón Akenatón, así como una invocación (que más bien recuerda una hierofanía) con texto de la XVIII dinastía. Precisamente a la que pertenecía ese mismo dirigente egipcio, y que intentaba insinuar el vínculo entre el monoteísmo que encabezó tal personaje y el cristianismo. Todo esto, según el masón y escritor Pierre Mariel[12]. No nos ha de extrañar, que en aquella época muchos masones amantes de la cultura faraónica y el esoterismo introdujeran tales elementos. Por cierto, parece que desde finales del siglo XIX y principios del XX, tales referencias e invocaciones al Egipto antiguo desaparecieron de las liturgias de este grado.

Se puede especular, incluso, que el color del mandil del Maestro en el REAA se deba también a la influencia del rosacrucismo. En ese sentido, hay varias opciones. Así, una sería que debido a que en las logias simbólicas, a los que poseían el grado 18º, se les permitía lucir su mandil. Incluso, se les recibía con honores, tal como indica el primer ritual simbólico del grado de Aprendiz del Rito Escocés Antiguo y Aceptado, creado en 1804 por Auguste de Grass-Tilly, para la Gran Logia Escocesa de Francia. Donde tanto los Caballeros del Sol, como los Caballeros Rosacruz, eran recibidos de esta forma. Pero tras la prohibición del Gran Oriente de Francia –así como en la mayoría de Obediencias– de asistir con mandiles de altos grados a las tenidas simbólicas, muchos hermanos con tal grado, como una forma de reivindicación, continuaron haciéndolo pero con uno de Maestro ribeteado en rojo, indicando que habían llegado a dicha distinción, lo cual terminó desembocando en que todos los Maestros fuesen con uno similar. Recordemos que el único rito simbólico con mandil ribeteado en rojo es el del Antiguo y Aceptado[13]. El resto suele ser azul de diferente tono, verde o algunos otros colores.

---

[11] ibídem.
[12] PIERRE, Mariel - *Rituales e iniciaciones en las sociedades secretas* - Ed. Espasa-Calpe.
[13] Según las instrucciones que dejó Jean Étienne Marconis de Négre, en el Rito de Menfis se usa ribeteado en rojo.

Es cierto que hay otra opción que se apoya en el hecho de que el mandil de Maestro, refleja los tres colores de la obra alquímica, negro, blanco y rojo, y que debido al interés por la alquimia que había dejado la Rosacruz de Oro del Antiguo Sistema entre los masones continentales, en el REAA se terminara usando este color. Pero lo cierto es que ambas posibilidades no se excluyen, pues el delantal del grado rosacruz también contiene estos tres colores, en la misma forma; negro en la parte trasera y blanco con ribetes rojos en la delantera. Pudiendo ser colocado precisamente en el del Caballero Rosacruz de esa manera por su simbolismo alquímico, y que luego en las logias simbólicas, tal como indicamos antes, se eliminaran del delantal los símbolos rosacruces; como cruces, pelícanos, rosas, etc., quedándose solo con los tres colores, y luego incorporarle las decoraciones típicas de un mandil de Maestro de la época. Todo esto siempre en un proceso paulatino fruto de casualidades, gustos y ocurrencias fuera de programa e intención. Por otro lado, este mandil ha ido evolucionando hasta los que hoy se usan en los diferentes Orientes donde se practica este rito simbólico, con la decoración de las letras M y B, diseños de logias, templos, columnas, escuadras y compases, o los tres rosetones, e incluso las borlas típicas del rito de Emulación[14].

Mandiles. En la parte superior, tres diferentes modelos del grado 18 del REAA. Abajo, tres de Maestro del mismo rito.

---

[14] Se ha considerado también que el rojo del mandil del maestro en el REAA, se deba a la decoración de los mandiles de Stewards (intendentes) de la *Gran Logia Unida de Inglaterra*. Éste está ribeteado en un tono teja o vino. En opinión del que escribe es poco probable esta conexión.

ORÍGENES DEL GRADO MASÓNICO DE CABALLERO ROSACRUZ

Tal como indiqué al principio, rastrear el origen de los diferentes usos y costumbres que la masonería posee es difícil, pues el secreto típico de aquella época, así como los muchos y variados elementos que la forman han ido apareciendo de manera esporádica, de forma natural y generalmente sin responder a un ideario o programa específico ni intencionalidad, sino más bien de forma casual. Más aún el caso del REAA, en el que encontramos que sus grados, aunque forman un todo, tienen orígenes bien distintos. Y en el que, es necesario indicar, sus tres grados simbólicos se practican con grandes diferencias de un país a otro.

En cualquier caso, esta influencia general de la rosacruz en la francmasonería, se produjo hace más de doscientos años, y a partir de ahí esta Orden, así como las organizaciones que la influenciaron, han tenido su propio desarrollo. En el caso del REAA, descartando algunos elementos y acentuando otros más útiles, generando así un sistema propio. De hecho, la única de las organizaciones rosacruces que produjeron dicha influencia que todavía está activa es la Real Orden de Escocia. Con lo que el Rito Francés y en REAA, y en consecuencia la masonería en general, también puede sentirse heredera no solo de los gremios de constructores, sino en cierta medida de la tradición rosacruz, al menos en muchos de sus elementos simbólicos, como los que hemos enumerado aquí.

Visto esto, vamos ahora a verlo desde la perspectiva del «por qué», las posibles causas para que se produjera lo que hemos enumerado.

En este sentido, hay que comenzar con la idea que desde la propia visión esotérica se tiene de este tipo de influencias. La cual consiste en que tal influencia, así como el devenir general de la Tradición Esotérica Occidental, ha venido dada por una fuente metafísica. Surgiendo esta por la colocación intencionada de diferentes elementos como símbolos, ritos, signos o enseñanzas, por parte de una serie de agentes, casi siempre de forma discreta, y de manera que no se notara. Dichos agentes, son los llamados Iniciados, que estarían a su vez al servicio de los denominados Superiores Desconocidos. Esta Idea, tuvo en el siglo XVIII un cierto auge entre los ritos iluministas.

Otra visión, es que la aparición de tales elementos esotéricos, también estarían ahí por una causa metafísica, aunque no producida por unos agentes en concreto o la voluntad explícita de alguien, sino que desde lo interno brotaría. En otras palabras, los implicados en la masonería del siglo XVIII con intereses en lo oculto, habrían dispuesto la inserción de todo esto, guiados por una pulsión interna, en algo parecido a eso que Carl Gustav Jung llamaba Inconsciente Colectivo. De hecho, para este analista suizo, no hacía falta que alguien tuviera conocimiento de antiguos mitos, símbolos ancestrales o ritos ocultos. Sino que si la persona tenía la suficiente sensibilidad, podría colocarlos en diferentes formatos culturales, perpetuando así una antigua sabiduría pero en nuevos ropajes. Idea esta que también compartía el mitólogo Joseph Cambell.

Hay otra posibilidad que no se puede obviar, y es que muchos masones ya en el siglo XVIII, pensaban que la masonería que en esos tiempos se podía conocer, no era sino algo degradado. En esa línea de pensamiento, suponían que en un tiempo pasado, remoto, hubo otra masonería que sí respondía de forma perfecta a las necesidades espirituales del ser humano. Pero lo que en esos momentos se podía trabajar en las logias, había perdido su esencia con el paso del tiempo. De esta opinión eran personajes como Cagliostro, Dom Pernety, Joseph de Maistre, Luis Claude de Saint-Martín o J. B. Willermoz. Desde tal visión, estos u otros personajes desconocidos, habrían colocado tales elementos esotéricos dentro de la masonería, incluyendo el grado rosacruz, con el fin de ir recomponiendo ese supuesto estatus original de la masonería. Sin embargo, por interesante que pueda parecer esta idea, no se ha podido demostrar que existiera una masonería en un tiempo primordial o primigenio. Y mucho menos que tal masonería fuera la máxima representación del camino iniciático de restitución al estado primigenio, que desde muchos esoterismos se le atribuye al ser humano.

Sea como fuere, que tales símbolos esotéricos y en especial los de tipo rosacruz, fueran colocados por una suerte de Superiores Ocultos, de forma involuntaria por afectos a lo esotérico o por masones decepcionados, lo importante es que allí está tal simbolismo, para indicar una dirección concreta. Por ello, es importante señalar que todo esto ocurre en un momento en el que desde la Ilustración, se intenta acabar con todo lo que tuviera que ver con el Antiguo Régimen. Lo cual también incluye el pensamiento mágico y esotérico, considerado muchas veces por estos como una mera superstición con cierto grado de erudición, pero superstición al fin y al cabo.

Por si fuera poco, tal lucha contra con lo considerado antiguo y desfasado, se hace por parte de masones, incluso dentro de las mismas logias.

Con lo que no nos extrañe que encontremos en los mismos talleres a los partidarios de lo esotérico conviviendo y compartiendo trabajos con los que estaban en contra de todo lo que tuviera que ver con lo espiritual, en cualquiera de sus formas.

En mi opinión, esta circunstancia paradójica, es una de las causantes de que lo esotérico permaneciera en los distintos grados masónicos, pero que se perdiera el sentido y contenido del mismo; como el caso del grado rosacruz. Aunque, no olvidemos, hay quienes piensan que en tales grados nunca se manejó una enseñanza esotérica, solo tenían tal simbolismo, pero nada más allá, y así nos habrían llegado.

Otra pregunta es, si solo tenían un carácter simbólico, y ninguna implicación práctica ¿para qué fueron colocados ahí? Bueno, quizá para despertar el interés de algunos que trabajaban tales grados, y que ello les motivara a buscar algo más esotérico. Como podrían ser otros ritos más íntimos u otras asociaciones no masónicas de carácter mistérico.

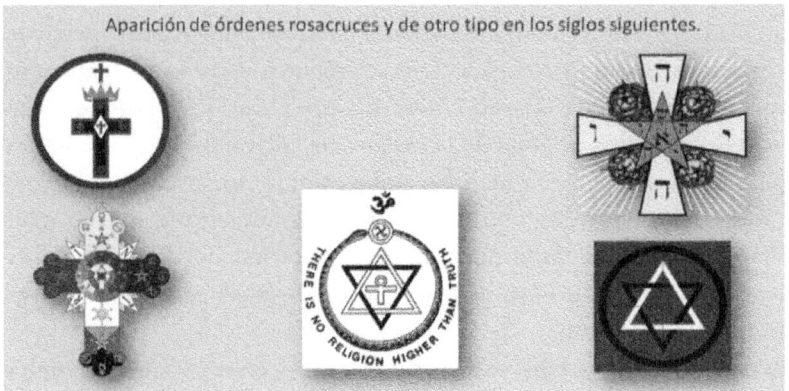

Otra respuesta que se baraja, es que tal iconografía fuera preparando el terreno para que en el siglo posterior aparecieran organizaciones de tipo más interno. No podemos saber si esa fue la auténtica motivación de quienes la introdujeron, pero sí es cierto que a partir del último tercio del siglo XIX van a ir surgiendo distintas órdenes esotéricas, algunas de clara impronta rosacruz. Incluso creadas por masones con intereses en lo esotérico. Tal sería el caso de la *Societas Rosicruciana in Anglia*, la Hermandad Hermética del Amanecer Dorado (más conocida como *Golden Dawn*), la Orden Kabalística de la Rosacruz o la Orden Martinista. Pensemos que incluso la Sociedad Teosófica barajó otros nombres antes de decantarse por el que tiene, entre otros el de rosacruz. Sumemos a esto el nacimiento de más organizaciones rosacruces durante la primera parte del siglo XX, no todas fundadas por masones, aunque inspiradas muchas veces en elementos masónicos, así como en aquellas que sí habían sido fundadas por masones tiempo atrás.

Aparte de todo lo que hemos dicho, habría que comprender que no es un trabajo fácil el ir descubriendo las pistas que a lo largo de los siglos se han ido dejando, para poder llegar a ese origen real y certero de lo que hoy compone el complejo puzle de la francmasonería. Me refiero a que, más allá de datos y propuestas como las aquí aportadas, está aquello que solo se puede percibir a través de la vivencia del trabajo ceremonial, unido a las meditaciones personales. Quizá lo interesante para los que deseen rastrear la tradición rosacruz –o cualquier otra– en la masonería, sea ver lo que en el fondo de tales ritos y símbolos se quiere transmitir como algo atemporal. Me refiero a lo implícito, y no tanto a lo explícito.

En este sentido, me van a permitir citar a Antoine de Saint-Exupéry en su libro *El principito*, que decía: «Lo esencial es invisible a los ojos». Hay quien afirma que hay veces que solo con el corazón vamos a percibir la realidad subyacente, ya que, continuando con este autor, también nos indica, como una sugerencia más que oportuna para el tema que nos ocupa, «lo que hace más importante a tu rosa, es el tiempo que tú has perdido con ella». ⚏

Bibliografía

ÁLVAREZ LÁZARO, Pedro - *La masonería como escuela de formación del ciudadano* - Ed. Universidad Pontificia de Comillas.

ALVARADO PLANAS, Javier – *Templarios y masones. Las claves de un enigma* – Ed. Sanz y Torres.

FAIVRE, Atoine - NEEDLEMAN, Jacob - *Espiritualidad de los movimientos esotéricos modernos* - Ed. Paidós.

GALTIER, Gérard - *La tradición oculta* - El Oberón.

PIERRE, Mariel - *Rituales e iniciaciones en las sociedades secretas* - Ed. Espasa-Calpe.

MORENO MORENO, Alberto - *El origen de los grados masónicos* - Ed. MASONICA.

SÁNCHEZ CASADO, Galo - *Los altos grados de la masonería* - Ed. Foca.

SUÁREZ DORTA, David - *Misterios y mitos del pasado* - Ed. Delfos.

SUÁREZ DORTA, David - *Rosacruces, historia y personajes* - Ed. Almuzara.

WARD, J. S. M. - *Manual de los grados superiores: rito de Emulación* - Ed. MASONICA.

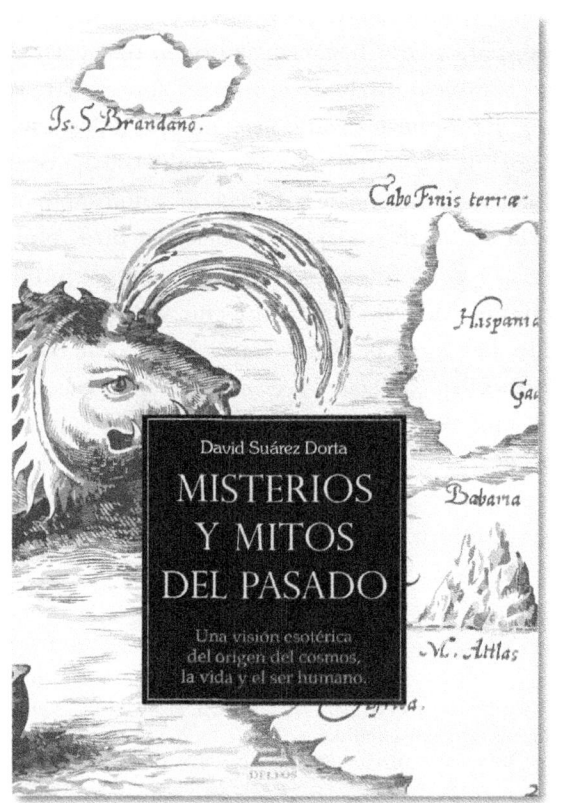

David Suárez Dorta

MISTERIOS Y MITOS DEL PASADO

Una visión esotérica
del origen del cosmos,
la vida y el ser humano.

Ediciones de Sabiduría Ancestral

LA
TABLA ESMERALDA
DE HERMES

Max Heindel

MISTERIOS
DE LAS
GRANDES ÓPERAS

Jean Pierre Giudicelli de Cressac Bachelerie

POR LA ROSA ROJA
Y LA CRUZ DE ORO

Alquimia-hermetismo
y órdenes iniciáticas

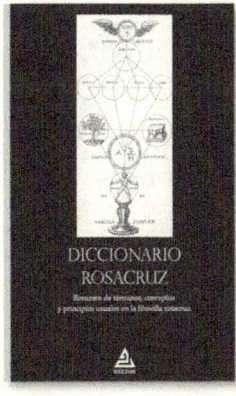

DICCIONARIO
ROSACRUZ

Max Heindel

CRISTIANISMO
ROSACRUZ

EL
LIBRO
DE LA
LEY

Aleister
Crowley

Tres iniciados

EL KYBALION

EL
LIBRO
DE
ENOC

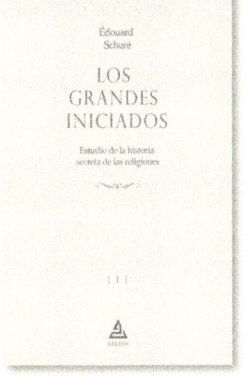

Édouard
Schuré

LOS
GRANDES
INICIADOS

Estudio de la historia
secreta de las religiones

Rui Lomelino de Freitas. Docente e investigador en Universidade Lusófona de Lisboa. Investigador en el Centro de Estudos Globais da Universidade Aberta. Formado en Filosofía y Ciencia de las Religiones, especializado en Gnosis y Esoterismo Occidental. Sus intereses se centran en el Hermetismo, la Alquimia y la Rosacruz. De clases sobre Esoterismo Occidental y Cristianismo Gnóstico en la Universidade Lusófona y es coordinador del curso de postgrado en Estudios Masónicos y coordinador de la línea de investigaciones sobre Gnosis y Esoterismo Occidental. Es autor del libro *Os Manifestos Rosacruzes* e imparte cursos y formación online en su área de especialización. Su línea de investigación abarca la Filosofía Hermética Antigua y Renacentista, los movimientos gnósticos de la Antigüedad, la Rosacruz moderna y contemporánea, la alquimia y la francmasonería. Es miembro de la European Society for the Study of Western Esotericism, y colabora con otras instituciones académicas y culturales de Portugal.

CIENCIA ESPIRITUAL, TEOSOFÍA Y ROSACRUZ

Rui Lomelino de Freitas

En los últimos 400 años de la historia de las ideas de las corrientes hermé-ticas y afines percibimos el surgimiento de la noción de una sabiduría re-descubierta a través de los tiempos que se inscribe en una tradición filosó-fica (hermética, neoplatónica, cristiano-esotérica, judía, etc.), pero que se presenta como *Conocimiento Espiritual*[1], que aborda el conocimiento de la realidad del ser humano y del universo, no de forma meramente teóri-ca, sino como la posibilidad científica de la realización de la plenitud de manifestación del Ser. Es decir, como un conocimiento[2] –de la realidad y del sentido de la vida– abordado no sólo desde la fe y la intuición interior (que nos inclina a aceptar como verosímil lo que leemos y oímos), sino desde la verificabilidad de las leyes que rigen las posibilidades de expe-rimentar una auto iluminación sobre la realidad del Ser y su lugar en el universo; de una transformación interior; y de un cambio estructural, al-químico. Las perspectivas existenciales suscitadas por las experiencias simbólicas y las descripciones sapienciales y filosóficas son entonces reci-bidas (por los interesados que reconocen en sí mismos el deseo de encon-trar y vivir estas perspectivas), no como hechos indiscutibles, sino como hipótesis de trabajo. Hipótesis que suscitan el sentimiento (o la intuición) de verosimilitud, pero hipótesis de trabajo, al fin y al cabo.

---

[1] Cfr. AKERMAN Susanna (1998), *Rosycross over the Baltic*, Brill, en su concepto de «conocimiento espiritual».
[2] Idem.

CIENCIA ESPIRITUAL, TEOSOFÍA Y ROSACRUZ

Esto que acabamos de exponer, parece evidente en las enseñanzas teosóficas, antroposóficas[3], rosacruces, en la obra masónica y en el esfuerzo por presentar a la humanidad un concepto del cosmos y un concepto del ser humano, que clarifica y sintetiza, de forma actualizada, siglos y milenios de conocimientos acumulados, aportados a la humanidad por miles de mujeres y hombres que supuestamente llevaron a cabo un desarrollo de realización del Ser. Este conocimiento (esta Gnosis) se presenta a menudo de forma inminentemente operativa.

En este trabajo, pretendemos mostrar cómo estaba presente esta noción de conocimiento y en qué sentido este conocimiento se presentaba como «Sabiduría» (*Sophía*), por un lado, y de «Ciencia», como un esfuerzo sistemático que construye y organiza el conocimiento en forma de explicaciones y predicciones comprobables sobre la Vida, los seres humanos y el Cosmos, por otro. Con este artículo pretendemos hacer una modesta contribución a la formación de una noción, aunque sea elemental, del modelo o representación conceptual de esta «Ciencia Espiritual».

Según la historiadora Frances Yeats:

> El aspecto más interesante del movimiento rosacruz [del siglo XVII] es (...) su insistencia en que es inminente una época de gran Ilustración. El mundo (...) recibirá una nueva iluminación, que consistirá en una inmensa expansión del progreso del conocimiento alcanzado en el período renacentista precedente. Muy pronto se harán nuevos descubrimientos y comenzará una nueva era. Y esta luz brilla tanto hacia el interior como hacia el exterior: en el primer caso revela al hombre las nuevas posibilidades latentes en sí mismo, y le enseña a comprender su propia dignidad y valor y el papel que está llamado a desempeñar en los designios divinos[4].

La palabra compuesta «rosacruz» irrumpió en la historia con la publicación anónima de tres textos, que se conocieron como los «manifiestos rosacruces», en Alemania en 1614, 1615 y 1616. El impacto que tuvieron en la cultura y la historia europeas es de una amplitud y profundidad que

---

[3] Rudolf Steiner, funda la Antroposofía y el movimiento antroposófico en torno del concepto de Ciencia Espiritual. La Antroposofía (de *Anthropos+Sophía*) sería por tanto la sabiduría del hombre (en el sentido de inmanente) despertada gradualmente como el auxilio del conocimiento proveniente dela ciencia espiritual.
[4] YATES, Frances A. (1972), The Rosicrucian Enlightenment, Londres, Routledge & Kegan Paul.

sólo recientemente investigadores como Carlos Gilly y Franz Smit han comenzado a discernir[5].

Pero uno de los aspectos más importantes para comprender muchos desarrollos de la historia de las ideas en Occidente, tiene que ver con el hecho de que el término «rosacruz», a principios del siglo XVII, se refiere fundamentalmente (más que a un grupo u orden secreta) a un movimiento que movilizó a muchos hombres y mujeres durante el Renacimiento y principios de la Edad Moderna, que se basaba en la aspiración a desarrollar un tipo de pensamiento racional de tipo científico (en el sentido de René Descartes), pero también intuitivo e imaginativo, orientado hacia la comprensión de las leyes naturales y espirituales y, en consecuencia, hacia una ética y un desarrollo civilizador muy diferentes de los que siguieron en la segunda mitad del siglo XVII y, más tarde, en el siglo XVIII. Pero la característica fundamental de esta posibilidad –que era real para los medios occidentales dominantes de este período– consistía en una espiritualidad científica o, una ciencia espiritual (en la que la ciencia y lo espiritual no estaban disociados). La historiadora Frances Yates fue una de las primeras investigadoras académicas del siglo XX en señalar que, a principios del siglo XVII, el desarrollo del pensamiento científico moderno cartesiano contenía la posibilidad de una Ilustración racional y científica, pero no positivista ni mucho menos materialista. Yates designó esta posibilidad como una «Ilustración Rosacruz».

La ciencia moderna se desarrolló como resultado de una visión optimista de la naturaleza humana, que fomentó la convicción de que el hombre tenía la capacidad de mejorarse a sí mismo y al mundo. Esta valoración optimista de la naturaleza humana (re)surgió en los escritos neoplatónicos, herméticos y cabalísticos florentinos del Quattrocento italiano y se prolongó durante el Renacimiento hasta el siglo XVII a través de la filosofía, la alquimia, la astrología y la magia renacentistas. Durante el Renacimiento asistimos al desarrollo de una corriente espiritual que podríamos denominar alquímica, hermética cristiana, paracelsiana o simplemente rosacruz.

Yates fue una pionera en defender la tesis –aunque hoy aceptada de forma matizada y menos radical– de que la idea misma de que el hombre

---

[5] Cfr Carlos Gilly y Franz Smit in LOMELINO DE FREITAS, Rui (2020) *Os Manifestos Rosacruzes*, Alma dos Livros

podía cambiar su entorno para mejor, y aprovechar los poderes de la naturaleza en beneficio de una conciencia en desarrollo de la naturaleza del ser y del universo, tenía sus raíces en el mundo de los hermetistas del Renacimiento. En opinión de Yates, los manifiestos rosacruces, publicados a principios del siglo XVII, eran expresiones representativas de la nueva y estimulante visión del potencial y los logros humanos que hizo posible la revolución científica.

La reforma preconizada en estos textos implica la realización de cambios estructurales en la ciencia, el arte y la sociedad, resultantes de una renovación espiritual y material (alquímica) del ser humano. Y esta renovación, individual y colectiva, debe estar guiada por una ciencia espiritual concordante con la observación de las leyes de la naturaleza y con las revelaciones de las escrituras sagradas en el corazón de cada uno.

En el primer «manifiesto» rosacruz, la *Fama Fraternitatis R.C.* (La Llamada de la Fraternidad Rosacruz) de 1614, los firmantes del texto afirman estar en posesión de un conocimiento desarrollado ininterrumpidamente desde el mundo antiguo, y recibido de los más grandes sabios del Próximo Oriente y del Norte de África, que abarca todas las leyes naturales y espirituales del universo, así como las «artes» de su aplicación práctica en la vida y en el mundo. Los declarantes del texto (que permanecen en el anonimato) afirman que es constitutivo de la génesis de su cofradía estar dispuestos a «comunicar generosamente sus artes con los sabios, siempre y cuando éstos quisieran emprender el esfuerzo de determinar cualquiera de los axiomas, probándolos a partir de todas las facultades, ciencias, artes y toda la naturaleza». En el mismo espíritu, la *Confessio Fraternitatis R.C.* (El Testimonio de la Fraternidad Rosacruz) de 1615 afirma que este conocimiento no sólo «sentaría nuevas bases para las ciencias», sino que «erigiría una nueva ciudadela de la verdad». Y, al año siguiente, el tercer «manifiesto», *Las bodas alquímicas de Christian Rosenkreuz*, presentaba un relato satírico, surrealista y lleno de sutil humor, una descripción simbólica y velada del proceso de transformación estructural que todo ser humano debe experimentar para alcanzar lo verdadera y plenamente humano.

Ahora bien, lo que Yates detecta en su *The Rosicrucian Enlightenment* es que estos textos dan voz y respuesta a un pensamiento y aspiración europeos para el desarrollo de lo que hemos llamado una «ciencia espiritual» y una «espiritualidad científica», totalmente orientadas a la curación de la humanidad, en un sentido pleno (podríamos llamarlo holístico), que incluye la actividad cultural y social, pero sobre todo el cambio estructural del género humano, en su constatación de que a cada ser humano corresponde un microcosmos eterno. Este cambio consiste en el restablecimiento del acceso a la Sabiduría del Espíritu, preconizado por lo menos desde Joaquim de Fiori, en su visión de las Tres Edades del Mundo.

En el concepto de ciencia de los rosacruces de la época de los manifiestos, se perciben tres ámbitos distintos: el ámbito «esotérico» (el impulso del Hermetismo hacia el conocimiento de las leyes «ocultas», a través de la astrosofía, la magia y la alquimia); el ámbito material (el desarrollo de las ciencias en general y el nacimiento de la astronomía, la física y la química modernas); y, en tercer lugar, el ámbito espiritual, del hombre interior y su relación con el «Logos» (la Inteligencia espiritual del Universo). En la concepción rosacruz de la ciencia, las tres esferas son inseparables.

No es que los rosacruces del siglo XVII defendieran una pseudociencia más o menos holística y «alternativa», o una forma disfrazada de teología, pero tampoco puede decirse que fueran simples filósofos especulativos a la manera postkantiana, ni científicos en el sentido positivista y especializado que tenemos hoy. Para los rosacruces del siglo XVII, las leyes naturales, escritas en el libro de la Naturaleza (el *liber M = Mundi*), ocuparían un lugar similar al que hasta entonces habían ocupado en la sociedad europea las Sagradas Escrituras en la economía de la Revelación de Dios a la humanidad.

Tal vez podríamos llamar «teósofos» a estos «protocientíficos», que también eran magos y filósofos, ya que intentaban integrar todas las «artes» en el eje espiritual, interior, que organiza la experiencia y da sentido a los demás ámbitos. Esta orientación, y estos intereses, se pueden encontrar en nombres conocidos del siglo XVII como R. Descartes, autor de una obra que investigaba la relación entre la glándula pineal y el espíritu, o de una obra que reflexionaba sobre el significado anímico de los sueños. O del matemático Lebniz, que se ocupó de resolver un acertijo matemático de *Las bodas químicas de Cristián Rosacruz*, y escribió su obra filosófica *Monadología*. Más adelante, podríamos mencionar también a Isaac Newton, que se involucró en el arte de la alquimia, como atestiguan muchos de sus textos.

PRISCA TEOLOGÍA

La noción de una sabiduría sagrada, una *Prisca Theologia*, revelada por Dios a la humanidad a través de los profetas, recorre toda la Edad Media, pero el término parece haber sido utilizado por primera vez por Marsilio Ficino[6] en el siglo XV. Ficino y Giovanni Pico della Mirandola se esforzaron por demostrar cómo la antigua sabiduría judía, platónica, hermética, de los filósofos árabes, de los oráculos caldeos, convergían para hacernos comprender el verdadero sentido de la doctrina cristiana. Y, si es verdad que el concepto de *Prisca Theologia* está relacionada con el de *Filosofía Perenne*, una diferencia esencial es que se entiende que *Prisca Theologia* existió en forma pura sólo en la antigüedad y desde entonces ha experimentado un continuo declive y disolución; pero la filosofía perenne afirma que «la verdadera religión» se manifiesta periódicamente en diferentes tiempos, lugares y formas, potencialmente incluso en los tiempos modernos. Ambos conceptos, sin embargo, suponen una religión verdadera única y tienden a coincidir en sus características básicas.

LA PHILOSOPHIA PERENNIS[7]

El concepto que el matemático y filósofo Leibniz (1645-1716) tiene de la historia de la filosofía es el de una *Philosophia Perennis*: las verdades esenciales de la filosofía siempre han estado y estarán en el mundo y pueden encontrarse en todos los sistemas filosóficos de la historia. Leibniz retoma un término acuñado por Agostino Steuco (1497-1548), que la definió como «un principio de todas las cosas, del que siempre ha habido un mismo conocimiento entre todos los pueblos». Pero Leibniz modifica su concepto. Para el filósofo alemán, la verdadera filosofía no es, como

---

[6] Según HEISER, James D. (2011), en su *Prisci Theologi and the Hermetic Reformation in the Fifteenth Century*, Repristination Press, El término prisca theologia parece haber sido utilizado por primera vez por Marsilio Ficino en el siglo XV. Ficino y Giovanni Pico della Mirandola se esforzaron por reformar las enseñanzas de la Iglesia católica a través de los escritos de la teología prisca, que creían que se reflejaba en el neoplatonismo, el hermetismo y los oráculos caldeos, entre otras fuentes.

[7] La filosofía perénne es una perspectiva adoptada por filósofos, teólogos e historiadores, en la que se considera que todas las tradiciones religiosas del mundo comparten una única verdad, que es la metafísica o el origen de todo el conocimiento.

para los autores renacentistas, una *Prisca Theologia*, revelada por Dios de una vez para siempre desde el principio del mundo, sino que la humanidad debe desentrañarla gradualmente, porque las verdades primordiales no son la forma ideal del conocimiento, que hay que preservar, sino *semina veritatis*, una semilla de verdad, que necesita crecer; la *philosophia perennis* de Leibniz implica un progreso eterno.

La noción de filosofía perenne, como enseñanza universal presente en todos los pueblos y religiones, recorre los siglos XVIII y XIX[8]. Especialmente esta última noción, la encontramos desarrollada en la Escuela Tradicionalista, donde encontramos nombres como René Guénon (y su noción de «Tradición»), Ananda Coomaraswamy y Frithjof Schuon . U otros pensadores importantes, como Titus Burckhardt , Martin Lings , Elémire Zolla y Julius Evola, entre otros. El término fue popularizado a mediados del siglo XX por Aldous Huxley, profundamente influido por el Neo-Vedanta y el Universalismo de Vivekananda.

TEOSOFÍA (CRISTIANA)

Otro término distinto utilizado para describir la obtención de un conocimiento directo y sin intermediarios de la naturaleza de la divinidad y del origen y propósito del universo se ha denominado Teosofía. De Teosofía procede del griego *Theosophia* (θεοσοφία), de *theos* (θεός), «Dios» y *sophia* (σοφία), «sabiduría». Su significado etimológico es, por tanto, «sabiduría de Dios». Y, a pesar de su uso en la Antigüedad Tardía por diver-

---

[8] Los filósofos del Renacimiento consideraban la existencia de una verdad única y antigua revelada a la humanidad en diferentes épocas y tradiciones, en ocasiones preservada y transmitida por ritos y textos esotéricos. En sentido estricto, inicialmente pretendía conciliar doctrinas paganas, filosofía platónica, judaísmo y cristianismo; genéricamente, se refiere a un intento de abarcar diversas creencias religiosas o entendimientos filosóficos. Sin embargo, su significado se amplió con la espiritualidad moderna a partir del siglo XX. El concepto creció en la era moderna a partir de la intensificación de los intercambios interculturales, e incluso fue un modelo historiográfico adoptado en ocasiones hasta el siglo XIX. Se ha convertido en una categoría identificable por los estudiosos de la religión contemporáneos para referirse a tendencias sincréticas, unificadoras o sistematizadoras de naturaleza universalizadora que se remontan incluso a los filósofos helenísticos o medievales antes del Renacimiento. En los siglos XIX y XX, el término también se adoptó en medio de controversias en el neotomismo como una forma de situar el aristotelismo en respuesta a la cuestión moderna.

sos autores como Jámblico, y los Padres de la Iglesia, el término se da a conocer ampliamente a partir de los escritos de Jacob Boehme, un místico y maestro espiritual, que presenta una visión sobre los resultados de su propia revelación interior, en una síntesis con el conocimiento hermético-cristiano, especialmente las enseñanzas filosóficas y teológicas de Paracelso.

En el contexto de la francmasonería, el Rito Escocés Rectificado bebe de estas enseñanzas. Grupos como la Orden Martinista, fundada por Papus en 1891, siguieron la corriente teosófica estrechamente vinculada a la tradición judeo-cristiana-islámica y al esoterismo occidental. La gnosis transmitida por Böhme se convirtió en una referencia fundamental en diversos círculos espirituales de todo el mundo hasta nuestros días, constituyendo una fuente importante para la filosofía romántica alemana, pero también para el movimiento teosófico moderno de la Sociedad Teosófica, fundada por Helena Petrovna Blavatsky, Olcot y WQ Judge. Franz Hartmann, fundador en 1886 de la rama alemana de la Sociedad Teosófica, describió los escritos de Böhme como «el tesoro más valioso y útil de la literatura espiritual».

Investigadores como Antoine Faivre, consideraron necesario distinguir la posterior Teosofía de Blavatsky de la de Böhme, designándola como Teosofía «cristiana» o Bohmiana.

LA TEOSOFÍA DE HPB

La Sociedad Teosófica, fundada en Nueva York en 1875, extrae sus enseñanzas principalmente de la obra escrita de su fundadora, la rusa de origen ucraniano Helena Petrovna Blavatsky (HPB). En ellas, la noción de una «Doctrina Secreta» ocupa un lugar central. Blavatsky afirma en un pasaje de un artículo publicado en la revista Lucifer que:

> La Naturaleza revela sus secretos más íntimos y comparte la verdadera sabiduría sólo con aquellos que buscan la verdad por la verdad misma y que aspiran al conocimiento en beneficio de los demás, no de su propia personalidad insignificante[9].

---

[9] Revista *Lucifer*.

HPB define la Teosofía como la «verdad esencial» subyacente a la religión, la filosofía y la ciencia. Y en sus obras de impresionante erudición, intenta sacar a la luz las fuentes de la gnosis y el esoterismo occidental y oriental, en diálogo con los símbolos y tradiciones religiosas de diversas culturas y épocas, tratando de explicarlas a la cultura y mentalidades de su tiempo. Allí se discuten temas como el del triángulo Divinidad/Humano/Naturaleza: el intradivino interior; el origen, la muerte y el lugar del humano en relación con la Divinidad y la Naturaleza; la Naturaleza es descrita como viviente. En su obra *La Voz del Silencio*, Blavatsky afirma que dentro de cada ser humano existe una faceta eterna y divina, a la que se refiere como «el Maestro», lo «increado», el «Dios interior» o el «yo superior». El mensaje que recorre todos sus escritos es que la unión con ese «yo superior» es lo que da como resultado la Sabiduría. En el mismo libro, la autora compara el progreso del alma humana con una transición a través de tres pasillos:

> El primero es la sala de la ignorancia, que es el estado del alma antes de comprender la necesidad de unirse con su yo superior.
>
> El segundo es la Sala del Aprendizaje, en la que el individuo toma conciencia de otras facetas de la vida humana, pero se distrae por un interés en los poderes psíquicos.
>
> La tercera es la Sala de la Sabiduría, en la que se produce la unión con el yo superior. En este punto el alma humana puede fundirse en el Uno.

LA ANTROPOSOFÍA Y LA CIENCIA ESPIRITUAL DE RUDOLF STEINER

De este gran movimiento surge otro que llegó a adquirir escala mundial: la Antroposofía, fundada por el filósofo y místico austriaco Rudolf Steiner a principios del siglo XX. Uno de los principales objetivos de Steiner era precisamente recuperar para la humanidad una «Ciencia Espiritual». Basada en un pensamiento filosófico que no olvida las aportaciones del pensamiento kantiano, sino que lo completa desarrollándolo filosóficamente, explorando el mundo intuitivo y las bases filosóficas lanzadas por Goethe.

CIENCIA ESPIRITUAL, TEOSOFÍA Y ROSACRUZ

Para Steiner, es necesario, en la época contemporánea, que el ser humano llegue a una contemplación espiritual directa. A una experiencia de lo real espiritual, resultado de un proceso de transformación interior. Steiner afirma que: «Mientras el ser humano no haya pasado por este proceso interior, posible sólo a través de la ciencia espiritual, no podrá llegar a esta contemplación espiritual».

Steiner afirmaba que la Antroposofía no es una doctrina religiosa revelada, sino una «ciencia espiritual» que cada uno tiene que desarrollar por sí mismo: no enseña «la sabiduría del hombre», sino que intenta despertar la «conciencia de la propia humanidad», no sólo como clave para comprender el macrocosmos, sino sobre todo como medio para llevar a cabo una transformación espiritual de la vida cotidiana en el microcosmos. La «conciencia de la propia humanidad» no sólo es la clave para comprender el macrocosmos, sino especialmente como medio para lograr una transformación espiritual personal que haga a cada individuo capaz de desarrollar y utilizar los órganos espirituales superiores: la imaginación, la inspiración y la intuición. La imaginación representa un proceso de pensamiento transmutado, el llamado «pensamiento vívido», que transforma el pensamiento abstracto en imágenes espirituales dinámicas. La inspiración surge cuando borramos todos los elementos imaginativos y empezamos a «escuchar» espiritualmente las fuerzas espirituales que hay detrás de esas imágenes. Consiste en un proceso espiritualizado del «sentir». Por otro lado, se afirma que la Antroposofía es una ciencia espiritual, que cumple los estándares científicos de objetividad, ausencia de prejuicios, etc. Sin embargo, existe una tensión inherente a la Antroposofía entre, por un lado, la exigencia de Steiner de desarrollar las propias capacidades espirituales y llevar a cabo una investigación científica espiritual autónoma y, por otro, la necesidad de confrontar sus revelaciones contenidas en los cerca de 400 volúmenes de su colección literaria. Steiner advirtió a menudo a sus seguidores que sus textos no debían venerarse como revelaciones, sino utilizarse como herramientas heurísticas para abordar la experiencia cotidiana. Su fisiología oculta, por ejemplo, debía utilizarse para categorizar la observación empírica de la postura, la forma de ser y la vida de una persona.

CIENCIA ESPIRITUAL Y SABIDURÍA

En los últimos 400 años de historia de las ideas de las corrientes herméticas y afines, la noción de sabiduría redescubierta a lo largo del tiempo –que forma parte de una tradición filosófica (hermética, neoplatónica, cristiano-esotérica, judía, a la que se añaden en Occidente las aportaciones sapienciales y filosóficas de hinduistas, budistas, taoístas, etc.– se presenta cada vez más como Ciencia Espiritual.

Esto es plenamente perceptible en el impulso rosacruz del siglo XX, y muy especialmente en las últimas décadas. Es decir, como un conocimiento de la realidad y del sentido de la vida abordado desde el punto de vista de la comprensión y verificabilidad de las leyes que rigen las posibilidades de experimentar una autoiluminación sobre la realidad del Ser y su lugar en el universo; de una transformación interior; y de un cambio estructural, alquímico. Las perspectivas existenciales suscitadas por las experiencias simbólicas y las descripciones sabias y filosóficas son entonces recibidas (por aquellos que desean encontrar y vivir estas perspectivas) como hipótesis de trabajo a poner en práctica en el laboratorio de la vida, en un despertar progresivo del Recuerdo.

Este enfoque moviliza los esfuerzos para comprender las leyes abstractas que rigen los fenómenos naturales, pero también los fenómenos espirituales implicados en el proceso. Así como el conocimiento de las leyes de la física y de la química es susceptible no sólo de comprensión teórica, sino también de verificabilidad a través de la experiencia de laboratorio, el conocimiento de los misterios de la Vida y del ser humano se presentan a la conciencia de los investigadores como representaciones reflejadas cuya realidad ha de ser discernida en la experiencia del laboratorio de la vida.

La investigación del conocimiento espiritual tiene como punto de partida esa intuición, que también puede llamarse «sentimiento de verosimilitud», que en cierto sentido es también el punto de partida de cualquier estudiante de física, que entra en el laboratorio, creyendo (por lo tanto, con «fe») que podrá unir el concepto teórico con la comprobación de la experiencia. A la analogía se añade el hecho de que, para el estudiante espiritual, el laboratorio, los instrumentos de percepción son su propio ser.

¿Y qué se estudia? Por un lado, la fuente y el origen de las intuiciones y sensaciones interiores procedentes del Recuerdo, o «reminiscencia», si queremos utilizar el término platónico. Y, por otro lado, aquellos modelos y representaciones procedentes de la sabiduría perenne –o teosofía, milenaria– que suscitan un sentimiento de verosimilitud y, al mismo tiempo, se configuran como una necesidad interior.

En pocas pinceladas puede expresarse en esta representación lo que se enseña transversalmente en las diversas corrientes y movimientos aquí mencionados:

> El Ser Humano es, en su génesis, una Mónada (el término desde el Hermetismo y el Neoplatonismo significa «sustancia única», no compuesta, preexistente a la Creación. Esa Mónada se sumerge en el espacio-tiempo, en la Creación, llevando consigo un átomo de materia primordial (de la *prima materia*, también llamada «Piedra Filosofal»). La proyección espacial de esa mónada es un microcosmos, una esfera de vida, que irá descendiendo desde planos superiores, más amplios y sutiles, hasta niveles cada vez más densos y limitados, contrayendo y densificando su experiencia, en una involución espiritual. Al mismo tiempo, surge gradualmente de la naturaleza un desarrollo evolutivo que conduce a la vida y a una organización cada vez más compleja de la vida y de la conciencia natural.

Las enseñanzas teosóficas y las enseñanzas antroposóficas y rosacruces de principios del siglo XX fueron particularmente insistentes y detalladas en sus descripciones de estos procesos.

Y un día, estas dos corrientes se encuentran y forman lo humano. Un ser doble: natural y supra natural. Poseedor de una sabiduría vital natural, que se proyecta como impulso vital en su conciencia de deseo; y por otra parte, de una conciencia monádica, eterna, que se proyecta en un foco, casi siempre latente (pero que cuando está activo se ha llamado a veces chispa divina), en el corazón.

El desarrollo de este ser le hizo en cierto momento capaz de pensar y reflexionar. Su vehículo mental, le hizo capaz no sólo de perfeccionarse en todos los ámbitos en su lucha por la existencia, sino también en un momento dado, de acceder a las causas de las cosas, por tanto a las leyes que rigen las cosas (creando así los rudimentos de la ciencia) y a su aplicación práctica (creando los rudimentos de la «tecnología»). De este modo, el impulso de autoconservación y autoafirmación superó progresiva y exponencialmente todos los límites, convirtiéndose en el ser más poderoso del planeta, con capacidad incluso para exterminar a otras especies y a sí mismo.

Por otro lado, la capacidad reflexiva de este vehículo mental dotó a este ser de una enorme autonomía de conciencia respecto al impulso vital natural colectivo, con dos consecuencias:

1. Por un lado, la proyección en su conciencia de deseos de miles de impulsos y proyecciones que ya no tenían ninguna relación con la vida del conjunto de la Naturaleza y de las especies, desconectadas de toda sabiduría.

2. Y por otra parte, la capacidad, en este estado de autonomía de la conciencia, de poder conducirse con libertad, de elegir, de conducirse a la individuación, a la conciencia de la fuente de la Vida de su ser y a su sabiduría, o idea-arquetipo.

En este estado de autodeterminación y libertad, el ser humano puede discernir y separar en sí mismo lo que procede de la vida natural y lo que se origina en la vida monádica, cesando la confusión, las proyecciones ilusorias, modificando su ser hacia un ethos en el que la bondad, la verdad y la belleza se muestran gradualmente en su verdadera naturaleza y campo de realización. En este desarrollo natural, el vehículo mental se convierte en una lente perfecta, un espejo en el que las vidas natural y espiritual pueden verse mutuamente, integrarse y unirse en una nueva creación.

Oscar Via Grau

Iniciado en masonería en 2013 en la Respetable Logia Concordia Barcino n.º 43, del Rito Escocés Antiguo y Aceptado dentro de la Gran Logia Simbólica Española. La masonería le abre el camino de la búsqueda de un trabajo interior de crecimiento espiritual y es buscando mayor profundidad y sentido a dicho trabajo que se integra en 2018 a la Respetable Logia Porta de Denderah n.º 84, recientemente integrada por aquel entonces a la Gran Logia Simbólica Española.

De septiembre de 2021 a septiembre de 2023 dirigió los trabajos de esta logia, decana del Rito Antiguo y Primitivo de Memphis-Misraïm dentro de la GLSE y la primera logia del Rito en España desde la Guerra Civil en practicarlo de acuerdo a la estructura planteada por el Gran Oriente de Francia y con reconocimiento del mismo.

EL RITO ANTIGUO Y PRIMITIVO DE MEMPHIS-MISRAÏM

Oscar Via Grau

El Rito Antiguo y Primitivo de Memphis-Misraïm es la evolución y sublimación, en clave Masónica, de los movimientos y escuelas que a finales del siglo XIX regían el devenir de la mística y la espiritualidad alternativa a las religiones mayoritarias, cada vez más influenciada por corrientes ajenas al paradigma judeocristiano.

El interés creciente de la época en las enseñanzas orientales, así como en los antiguos textos herméticos y las propuestas de nuevo cuño de grandes mentes como las de Helena Blavatsky, Rudolf Steiner o Gerard Encausse permeó las ideas de muchos librepensadores, con lo que era únicamente cuestión de tiempo que de una u otra manera tomaran forma dentro de la masonería, casa grande del esoterismo occidental y heredera legítima del estudio y desarrollo de la ciencia espiritual en su vertiente más abierta y adogmática.

En la R∴ L∴ Porta de Denderah N.º 84 se trabaja con el método Masónico y su corpus simbólico en la práctica de una espiritualidad moderna y contemporánea, alejada de dogma y gurús, aunando en su seno Ciencia y Mística.

PRÓLOGO
¿QUÉ ES UN RITO Y PARA QUÉ SIRVE?

La masonería, como bien se sabe, y como se ha podido ir entendiendo en las aportaciones precedentes de este monográfico, es una escuela iniciática que busca el perfeccionamiento moral, social y espiritual de la humanidad. Esta búsqueda es efectiva a través del perfeccionamiento del individuo, y este perfeccionamiento es a su vez efectivo mediante el simbolismo y el método masónico que gradúa y dosifica dicho simbolismo, inspirado en la construcción y los antiguos constructores. En un ejemplo de estas analogías simbólicas, los masones solemos decir que trabajamos en pulir las piedras para la construcción del templo de la humanidad.

Esta mejora individual y colectiva por medio del símbolo se vehicula mediante ceremonias ritualizadas, que no tienen otra finalidad que predisponer al masón, sea cual sea su grado, al trabajo interno que la logia, como un gremio de constructores organizado y coordinado por el Maestro de obra, dispone para el trabajo del día. Si pensamos en «rituales» como algo oscuro, tétrico o de objetivos perversos, pensémoslo dos veces. Un ritual es, en palabras de Byung-Chul Han en su libro *La desaparición de los rituales*, poco más (¡o poco menos!) que una técnica simbólica de instalación en un espacio. Trasladado a otras palabras, podría decirse que un ritual es una rutina establecida que convierte un procedimiento cualquiera en un proceso del cuál obtenemos más que el resultado del acto mecánico, y ese extra es totalmente experiencial

Como ejemplo llanamente entendible acerca de la importancia de un ritual, así como de lo habituales que son, tenemos algo tan cotidiano como el café. El ceremonial que supone la elaboración de un café, así como el disfrute del resultado de ese trabajo, activa mucho más que la cafeína ingerida. La carencia de pequeños rituales, del embellecimiento del hecho, somete al mundo a una grisura y una mecanización que no aporta luz ni nada más que el producto bruto del esfuerzo. Por eso, todos vivimos un poco más tristes desde que existe el café de cápsula.

Con esta breve y concisa explicación del significado real de un ritual y habiendo visto que es algo que todos vivimos diariamente de una manera u otra, y habiendo disipado el fantasma de la interpretación distorsionada de sacrificios, gente encapuchada y música de Halloween, ya disponemos de un marco mental mucho más limpio para hablar de qué implica y qué significan las palabras rito o ritual en masonería.

Analicemos la diferencia entre estos últimos dos términos, para no confundirnos. El rito es un corpus o un conjunto de rituales, mientras que un ritual es una disposición formal específica en un tiempo y un espacio. Por ejemplo, en la R∴ L∴ Porta de Denderah N.º 84 trabajamos con el Rito Antiguo y Primitivo de Memphis-Misraïm los rituales de Primer, Segundo y Tercer Grado. Cada 3 meses hacemos un ritual de Solsticio o Equinoccio. En ocasiones, tenemos la suerte de celebrar rituales de Iniciación, Aumento de Salario y Exaltación. En una logia que trabaja con el Rito Escocés Antiguo y Aceptado, por poner un ejemplo, se celebran las mismas ocasiones, pero las especificidades de esos mismos rituales son aquellas correspondientes a su rito.

¿Y por qué tenemos más de uno? Podría llegar a preguntarse alguien… bien, la masonería, como punto de encuentro de personas librepensadoras, y como escuela iniciática de vocación universalista, es por necesidad y por definición, heterogénea. La masonería ha acostumbrado a estar bastante alejada del concepto de «Una, Grande y Libre». masonerías hay muchas, y maneras de vivir la masonería hay tantas como masones. Por lo tanto, si juntamos la información que venimos exponiendo hasta ahora, nos entenderemos si decimos que los ritos son una vehiculación de sensibilidades, y los rituales son catalizadores y canalizadores de estas mismas sensibilidades.

La masonería, con sus ritos, ha suscitado literatura suficiente como para llenar bibliotecas enteras, por lo tanto no vamos a profundizar en un análisis comparativo de ritos, si no que nos fijaremos en el que da vigor a los trabajos de las logias «egipcias» y nombre a este artículo: el Rito Antiguo y Primitivo de Memphis-Misraïm.

CRONOLOGÍA DEL RAPMM

Para entender dónde estamos, siempre es bueno repasar de dónde venimos, y el Rito de Memphis, a pesar de ser relativamente «nuevo», tiene mucha historia detrás y esta es bastante compleja dada la disparidad de organizaciones que han hecho uso de este nombre para designar a su rito de trabajo, o bien una parte del mismo (Rito de Memphis, Rito de Misraïm…).

Si vamos a buscar el origen del rito, acabamos ubicando una primera filiación proveniente del Rito Primitivo de París, en 1721, y unos años después, en 1779, del Rito Primitivo de Philadelphia de Narbonne, pero no nos perderemos en estos caminos en esta ocasión. En lugar de eso, analizaremos la génesis y evolución del Rito dividiéndolo en tres períodos clave.

Empezaremos pues con la creación del Rito propiamente dicha, un período que abarca la práctica totalidad del siglo XIX, desde 1814 a 1881.

En estos años nacen los Ritos de Misraïm, de 90 Grados; de Memphis, de 95 Grados, y el Antiguo y Primitivo de la masonería, de 33 Grados. Huelga decir que, como suele pasar, ni el Rito de Misraïm se origina en el Egipto Antiguo, ni el de Memphis en la ciudad del mismo nombre. Y por supuesto, el Rito Antiguo y Primitivo de la masonería ni es «antiguo» ni es «primitivo» teniendo en cuenta que a fecha de su creación la masonería llevaba casi dos siglos constituida como hoy la conocemos, y probablemente un par más de siglos existiendo, como hemos visto en anteriores artículos de este monográfico, en forma de reuniones de librepensadores dentro del contexto de los gremios de constructores medievales, ya en su ocaso. Por lo tanto, no nos dejemos deslumbrar por designaciones con mucho bombo y parafernalia… no sólo la masonería está bastante dada a nombres rimbombantes en general, sino que la época en la que nacen los Ritos de los que hablamos también era muy dada a estos barroquismos y místicas rebuscadas. Estas místicas se hacen patentes en algunos desarrollos pseudohistóricos del origen del rito, donde de manera casi mitológica podemos encontrarlo ubicado en pleno epicentro de la historia de los templarios, lo podemos ver mencionado como origen de uno de los precursores más icónicos de los Ritos actuales como es Heredom de Kilwinning, nacido en Escocia… y otros que resulta incluso incómodo citar por su inverosimilitud.

No es el objetivo de este artículo el de convencer a nadie con mentiras o medias verdades, sino simplemente exponer hechos y opiniones.

Quien crea que un rito tan rico como el Egipcio requiere de fuegos artificiales para justificarse a sí mismo probablemente no ha entendido nada de lo que el rito, ni quizá la masonería en general, proponen y pretenden conseguir. Por desgracia esto es bastante habitual, ya que como se suele decir, «la masonería es genial, a pesar de los masones».

Hagamos pues un repaso a estos tres primeros ritos de manera sintética, para entender un primer escenario y contexto:

Partiremos del Rito de Misraïm, en estricto orden cronológico. Este rito nace en Italia, específicamente en Nápoles, en el año 1813, y llega a Francia, epicentro de la masonería continental, muy rápidamente, en el año 1814, de la mano de los Hermanos Bédarride. El rito, como se ha mencionado anteriormente, consta de 90 grados, divididos en cuatro series: la primera, la simbólica de los tres primeros grados de Aprendiz, Compañero y Maestro, que no eran propios del Rito sino que eran practicados a la manera del Ritual de los Modernos, o lo que hoy conocemos como Rito Francés. A partir de aquí, subiendo la escala de serie en serie seguía un «mix» de diversos grados del REAA con otros relativos a los grados de Maestro Escocés y a los del Arco Real, luego una serie caballeresca que culminaba en el grado de Caballero Kadosh, una serie de grados bíblicos y finalmente, una serie administrativa.

Aunque parece que el rito está formalmente muy estructurado y aparenta una cierta seriedad, la realidad es que su práctica fue muy poco extendida y la convulsa situación política en Francia y el resto de Europa no ayudó a ello, haciendo que las logias del rito fueran clausuradas en más de una ocasión.

Esbozado el Rito de Misraïm, veamos el segundo de los ritos precursores: el de Memphis. Su creador en 1838 es un nombre ilustre en la historia del Rito Egipcio: Jacques-Étienne Marconis de Négre.

Este Rito constaba de 95 grados. De nuevo, los tres primeros que encontramos son los simbólicos, practicados con los rituales del Rito Francés, seguidos de la progresión completa de grados del REAA, y finalmente un añadido de 62 grados de raíz teosófica que repasaban diferentes misterios de la antigüedad (Órficos, Mitraicos, Herméticos, etc.). Estos 62 grados se organizaban en unas subdivisiones que se llamaban Consistorio Hermético, Sublime Concilio y Gran Tribunal.

En el año 1862, Marconis de Négre libra la patente del rito al Gran Oriente de Francia, consiguiendo así que sea regularizado y reconocido por la mayor parte de la masonería continental.

EL RITO ANTIGUO Y PRIMITIVO DE MEMPHIS-MISRAÏM

Si bien es cierto que el entorno sociopolítico de la masonería de la época era poco permisivo con las expresiones masónicas «salvajes», no es menos cierto que el tiempo y los hechos, que siempre son muy tozudos, han demostrado que si se quiere huir de egos, vanidades, banalidades y en general se quiere abarcar la masonería con el foco apropiado y sin la sombra de la profanidad, es casi imperativo encontrarse bajo el paraguas del reconocimiento de un cuerpo masónico de referencia, de estructura jerárquica no piramidal y sobre todo, lo suficientemente grande como para no poder verse afectado por intereses individuales que poco tengan que ver con el propósito del trabajo masónico en sí mismo.

Esta entrega del rito al GOdF viene acompañada de unas modificaciones estructurales, en las que básicamente se lleva a cabo una selección, en orden descendente, de los grados más relevantes de la progresión de 95, y se acaba dejando en 33. 33 Grados, por otro lado, que a parte del número nada tienen que ver con los del REAA, pues no se trabaja en ellos ninguna connotación de la tradición Judeocristiana. Esta progresión sentará la base de la futura Gran Orden Egipcia del GOdF.

Finalmente, haremos una rápida mirada al «Rito Antiguo y Primitivo de la Masonería». Será rápida porque este es básicamente el mismo Rito de Memphis revisado a 33 grados que acabamos de ver, pero con un nombre diferente. Este nombre es el que recibió en Norteamérica por parte de las logias del GOdF adscritas ahí.

El rito llegó curiosamente al Reino Unido no a través de Francia sino a través de los Estados Unidos, mediante la entrega de la patente del rito al inglés John Yarker el año 1872, que de forma unilateral decide recuperar la serie completa de 95 Grados y funda un Soberano Santuario (el equivalente al Supremo Consejo en el REAA) en el Reino Unido.

La historia de estos tres ritos queda para siempre trenzada el año 1881, cuando John Yarker y Giambattista Pessina unifican los Ritos Memphis y Misraïm debajo, ahora ya sí, del nombre de Rito Antiguo y Primitivo de Memphis-Misraïm, y crean un Soberano Santuario Internacional. Tradicionalmente se dice que esta unificación fue llevada a cabo por Giuseppe Garibaldi, pero Garibaldi ya tuvo suficiente faena con otras reunificaciones anteriores y su papel real fue únicamente el de ser el primer Gran Hierofante de este nuevo Soberano Santuario, a designación de Yarker y

Pessina. Garibaldi sólo pudo ocupar el cargo durante un año, pues murió poco después, y le sucedió el propio Yarker.

En estos primeros compases el nuevo rito entraría en sueños en Europa, pero se mantendría bien activo en Norteamérica.

Con esto cierra el primer período de la historia del rito. El segundo período verá un progresivo trabajo de integración de los ritos de Memphis y Misraïm, que se practicaban de manera dispar, existiendo una escala de Grados comunes nacida de la fusión de los dos ritos, aunque con predominancia de los 95 grados de Memphis, pero trabajándose muchas veces los grados de uno y otro rito por separado.

Muy en sintonía con las corrientes de la época, el RAPMM ve incorporados en este período a su progresión una serie de grados pretendidamente teúrgicos, que se integran entre los grados 87º y 90º.

También con las corrientes de la época, el rito se ve «enriquecido» en cierta forma por la influencia y aproximación de miembros de otras organizaciones como la Rosa-Cruz Cabalística, el martinismo recientemente fundado por Gérard Encausse «Papus», o la Iglesia Gnóstica de Bricaud. La solidez del rito en esta época, que finalizará abruptamente con el ascenso de los totalitarismos en Europa y la consiguiente Segunda Guerra Minimalismo, es especialmente patente en nuestro país, donde antes de la Guerra Civil era el rito más practicado, hasta el punto de recibir el nombre entre algunas de las logias que lo practicaban de «Rito Nacional Español». Algunos grandes nombres de la mística y el ocultismo de la época se acercaron al rito, como los propios Papus o Bricaud, a quienes ya hemos nombrado, Theodor Reuss, René Guenon o Rudolf Steiner, el trabajo del cuál tanto en sus logias egipcias como en otros entornos en los que participó es muy apreciado en la R∴ L∴ Porta de Denderah N.º 84.

Cerraremos este repaso histórico con el período que va desde los años 50 del siglo XX hasta hoy, y que tiene un nombre propio que destaca por encima del resto: Robert Ambelain.

Ambelain intentó, con poco éxito inicialmente, reactivar el rito en Francia a través del GOdF y de la GLTSO (Gran Logia Tradicional y Simbólica Ópera), pero finalmente creó una Gran Logia independiente de estas dos para el RAPMM. De esta Gran Logia surge el Soberano Santuario Internacional más adelante, que trabaja los altos Grados de la progresión de 95 Grados del antiguo Rito de Memphis, en lugar de la progresión de 33 grados que surgió de la integración del rito dentro del GOdF y que ya hemos visto antes.

Como también hemos visto anteriormente, los ritos de Memphis y de Misraïm así como hasta la época que estamos revisando el Rito Antiguo y Primitivo de Memphis-Misraïm, eran progresiones de altos grados, obviando los tres primeros grados dentro de su particularidad y manteniendo para éstos los rituales del Rito Francés. Es también obra de Ambelain en su labor revitalizadora y dignificadora del rito la creación de los rituales y ceremonias de los tres Grados Simbólicos. Estos rituales los presentó el año 1967, hablamos por lo tanto de unos rituales muy modernos, por más que beban de múltiples tradiciones mucho más antiguas.

Estos rituales aún hoy son los de uso y aplicación tanto en el GOdF como en el Soberano Santuario Internacional e incluso, con variaciones más o menos cuestionables, en la plétora de escisiones surgidas de éste último. Estas escisiones no son mucho más que «mini-Soberanos Santuarios» donde unos pocos egos encuentran una manera mucho más sencilla de ejercer una autoridad piramidal como la que el Soberano Santuario Internacional plantea dentro de su estructura en contraposición a la organización jerárquica mucho más horizontal y coherente del GOdF. Si alguien se pregunta qué NO es la masonería, es exactamente esto. Hablamos de cargos Ad Vitam, casi hereditarios, los cuáles se ejercen sin posibilidad de oposición, de manera totalmente opaca y de acuerdo a una autoridad espiritual/esotérica autoimpuesta y obviamente tan impostada como interesada.

Quién escribe estas líneas siempre ha pensado, y será difícil cambiarme de opinión, que estas acciones, o la necesidad en general de perpetuarse en una posición de autoridad dentro de una estructura que no proporciona ningún poder en especial, responden a una necesidad de atención que no se está recibiendo en los ámbitos de la vida donde debería recibirse.

Volviendo al tema, esta gran cantidad de escisiones surge desde casi la creación del SSI, donde los problemas del propio Ambelain por mantener una mínima coherencia y unidad estructural fueron evidentes, y cada nueva escisión estaba automáticamente enfrentada a las demás en la búsqueda de una falsa legitimidad, en algunos casos incluso citando filiaciones inverosímiles (noblezas medievales, personajes mitológicos, personas con apellidos impronunciables cuya mera existencia es dudosa...). Pareciera que se les hubiera olvidado que el SSI como tal tenía un recorrido de menos de 20 años, y que se hubieran perdido en la literalidad de su propio discurso simbólico. La realidad, a fin de cuentas, es que ninguna obediencia masónica con un mínimo de seriedad o renombre se ha planteado nunca reconocer a ninguno de estos múltiples grupúsculos.

Sin embargo, esto no es ningún demérito del rito, si no de la falta de criterio de algunos de sus practicantes y la falta de habilidades de liderazgo de algunas de sus figuras clave. Así pues, volviendo al ámbito de la masonería con seriedad y renombre, y delante del evidente interés que el RAPMM genera a cualquier masón con una inquietud espiritual marcada, el GOdF restableció en el año 1999 el Rito en su seno, con los tres Grados simbólicos desarrollados por Ambelain. Dos años después, en 2001, el GOdF fundaría la Gran Orden Egípcia, cuerpo colateral que gestiona la progresión de los altos Grados. Estos altos grados, como no podía ser de otra forma y en clara divergencia con el SSI, son los 33 que se desarrollaron cuando Marconis de Négre decidió integrar el rito en el GOdF.

Esto permitió a muchos masones y talleres enteros, desencantados con el caos del mundo de la masonería salvaje y las arbitrariedades de las estructuras piramidales precarias, encontrar un espacio donde seguir trabajando el rito con dignidad y garantías, y no sólo en Francia, y tampoco sólo exclusivamente debajo del paraguas del GOdF, si no alrededor del mundo, donde hubiese una Gran Logia reconocida y con relaciones con el GOdF, había la posibilidad de conseguir la patente del rito y practicarlo con esta misma dignidad y garantías.

Esto es exactamente lo que sucedió con la R∴ L∴ Porta de Denderah en el año 2018. Esta logia venía trabajando los rituales de Ambelain bajo la bóveda celeste, pues no había por aquél entonces ninguna Gran Logia con un mínimo estándar de seriedad que en ese momento tuviera patente del RAPMM, y las experiencias con obediencias pequeñas del rito habían sido todas ellas un escarmiento. Gracias a la gestión del aún hoy Serenísimo Gran Maestre de la Gran Logia Simbólica Española, Xavier Molina, la GLSE obtuvo la patente de los tres primeros Grados Simbólicos del Rito unos meses después de que la Logia expresara formalmente su interés en formar parte de la obediencia, y finalmente, se inscribió su nombre en el registro de logias de la GLSE con el número 84, siendo la primera logia de la obediencia que trabaja el Rito Antiguo y Primitivo de Memphis-

Misraïm y la primera logia del Rito que recupera el reconocimiento regular del GOdF, y por tanto de grueso del mundo masónico liberal y adogmático dentro del territorio del Estado Español desde la Guerra Civil.

DOS PRINCIPALES ESTRUCTURACIONES DEL RAPMM

He estado mencionando las progresiones de 95 y 33 grados. Démosles un vistazo rápido para tenerlas más o menos «silueteadas»:

SOBERANO SANTUARIO INTERNACIONAL (PROGRESIÓN 95°)

1° Aprendiz; 2° Compañero; 3° Maestro; 4° Maestro Discreto; 5° Perfecto Maestro Arquitecto; 6° Secretario Íntimo; 7° Preboste y Juez; 8° Intendente de los Edificios; 9° Maestro Elegido de los Nueve; 10° Ilustre Caballero de los Quince; 11° Sublime Caballero Elegido; 12° Gran Maestro Arquitecto; 13° Caballero del Real Arco; 14° Gran Elegido Perfecto o Sublime Masón; 15° Caballero de Oriente o de la Espada; 16° Príncipe de Jerusalén; 17° Caballero de Oriente y Occidente; 18° Soberano Príncipe Caballero Rosacruz; 19° Gran Pontífice; 20° Maestro Ad Vitam; 21° Caballero Prusiano; 22° Príncipe del Líbano; 23° Jefe del Tabernáculo; 24° Príncipe del Tabernáculo; 25° Caballero de la Serpiente de Airain; 26° Príncipe de Mercy; 27° Gran Comendador del Templo; 28° Caballero del Sol; 29° Gran Escocés de San Andrés de Escocia; 30° Caballero Kadosh; 31° Gran Inspector Inquisidor; 32° Sublime Príncipe del Real Secreto; 33° Soberano Gran Inspector General; 34° Caballero de Escandinavia; 35° Caballero del Templo; 36° Sublime Negociante; 37° Caballero de Shota (Sabio de la Verdad); 38° Sublime Elegido de la Verdad (El Águila Roja); 39° Gran Elegido de los Eones; 40° Sabio Savaiste (Sabio Perfecto); 41° Caballero del Arco de los Siete Colores; 42° Príncipe de Luz; 43° Sublime Sabio Hermético (Filósofo Hermético); 44° Príncipe del Zodíaco; 45° Sublime Sabio de los Misterios; 46° Sublime Pastor de las Cabañas; 47° Caballero de las Siete Estrellas; 48° Sublime Guardián del Monte Sagrado; 49° Sublime Sabio de las Pirámides; 50° Sublime Sabio de Samotracia; 51° Sublime Titán del Caucas; 52° Sabio del Laberinto; 53° Caballero o Sabio del Fénix; 54° Sublime Escalda; 55°

Sublime Doctor Órfico; 56° Pontífice o Sabio de Cadmia; 57° Sublime Mago; 58° Sabio o Príncipe Brahman; 59° Sublime Sabio o Gran Pontífice de Ogygia; 60° Sublime Guardián de los Tres Fuegos; 61° Sublime Filósofo Desconocido; 62° Sublime Sabio de Eleusis; 63° Sublime Kawi; 64° Sabio de Mithras; 65° Guardián del Santuario - Gran Instalador; 66° Gran Arquitecto de la Ciudad Misteriosa - Gran Consagrador; 67° Guardián del Nombre Incomunicable - Gran Eulogista; 68° Patriarca de la Verdad; 69° Caballero o Sabio de la Rama Dorada de Eleusis; 70° Príncipe de Luz o Patriarca de los Planisferios; 71° Patriarca de los Sagrados Vedas; 72° Sublime Maestro de Sabiduría; 73° Patriarca o Doctor del Fuego Sagrado; 74° Sublime Maestro de Stoka; 75° Caballero Comandante de la Cadena Líbica; 76° Intérprete de Jeroglíficos o Patriarca de Isis; 77° Sublime Caballero o Sabio Teósofo; 78° Gran Pontífice de los Tebanos; 79° Caballero o Sabio de la Temible Sada; 80° Sublime Elegido del Santuario de Mazias; 81° Intendente Regulador o Patriarca de Memphis; 82° Gran Elegido del Templo de Midgard; 83° Sublime Elegido del Templo de Oddy; 84° Patriarca o Doctor de los Izeds; 85° Sublime Sabio o Caballero de Kneph; 86° Sublime Filósofo del Valle de Kab; 87° Sublime Príncipe de la masonería; 88° Gran Elegido de la Sagrada Cortina; 89° Patriarca de la Ciudad Mística; 90° Sublime Maestro de la Gran Obra; 91° Gran Defensor; 92° Gran Catequista; 93° Regulador General; 94° Príncipe de Memphis o Gran Administrador; 95° Sublime Patriarca Gran Conservador de la Orden; 96° Gran y Poderoso Soberano de la Orden; 97° Gran Maestro Diputado Internacional; 98° Gran Maestro Internacional; 99° Gran Hierofante.

GRAN ORDEN EGIPCIA (PROGRESIÓN 33°)

1° Aprendiz; 2° Compañero; 3° Maestro; 4° Maestro Discreto; 5° Maestro Sublime o Maestro de los Ángulos; 6° Caballero del Arco Sagrado; 7° Caballero de la Vuelta Secreta; 8° Caballero de la Espada; 9° Caballero de Jerusalén; 10° Caballero de Oriente; 11° Caballero Rosacruz; 12° Caballero del Águila Roja; 13° Caballero del Templo; 14° Caballero del Tabernáculo; 15° Caballero de la Serpiente; 16° Caballero Kadosh; 17° Caballero del Misterio Real; 18° Gran Inspector; 19° Sabio de la Verdad; 20° Filósofo Hermético; 21° Patriarca Gran Instalador; 22° Patriarca Gran Consagrador; 23° Patriarca Gran Eugenista; 24° Patriarca de la Verdad; 25° Patriarca de los Planisferios; 26° Patriarca de los Sagrados Vedas; 27° Maestro Egipcio o Patriarca de Isis; 28º Patriarca de Memphis; 29º Patriarca de la Ciudad Mística; 30º Sublime Maestro de la Gran Obra; 31º Gran Defensor del Rito - Caballero de la Aurora y Palestina; 32º Príncipe de Memphis; 33º Patriarca Gran Conservador.

Los que tengan una mínima noción de la progresión del REAA habrán notado, como se indicaba anteriormente, que los 33 primeros Grados de la progresión de 95º son los mismos 33º del REAA. También los que tengan algo de vista habrán detectado que hablamos de una progresión de 95º pero en realidad hay 99º... esto es debido a que los últimos 4 son administrativos y se otorgan a posiciones jerárquicas, con lo que no se trabajan como Grados propiamente dichos. Si os provoca curiosidad: el total de Grados que contienen la palabra «Sublime» son 29. Le debía gustar mucho esta palabra a Marconis de Négre.

En contraposición a la integración completa de la progresión Escocesa dentro de la progresión de 95 grados, la progresión de 33 grados de la Gran Orden Egipcia, que en su esencia no es más que una selección de Grados relevantes directamente extraída de la de 95º, incluye unos pocos Grados muy importantes de esta progresión del REAA, pero ninguno de estos grados se trabaja extensamente, si no que todos ellos se dan por comunicación.

Nos centraremos, para el propósito de este artículo, en la progresión de 33º relativa al GOdF, analizando la idiosincrasia del rito, así entenderemos para qué se ha hecho el camino que se ha hecho y que acabamos de repasar. Será un análisis general y no un escrutinio de los grados, que ni toca ni aporta puesto que el conocimiento masónico es palabra vacía si no es vivencial e interpretado desde el prisma iniciático.

IDIOSINCRASIA DEL RITO Y FUNDAMENTOS FILOSÓFICOS

El Rito Antiguo y Primitivo de Memphis-Misraïm tal y como se interpreta en la R∴ L∴ Porta de Denderah N.º 84 pretende dar cabida y una dimensión propia al trabajo de desarrollo integral desde la perspectiva de una espiritualidad contemporánea y moderna, inclusiva y de carácter adogmático. Para conseguirlo, contamos con el impulso de búsqueda interior de los miembros del taller, con las herramientas simbólicas que la masonería dispone y además con las bases filosóficas que resultan inherentes al Rito. Rito, que como ya se ha mencionado, bebe mucho de las fuentes de la época en que fue concebido. Evidentemente, es un Rito Masónico y como tal, por mucho que beba de fuentes, su esencia, leit motiv e hilo conductor es la masonería y su patrimonio simbólico y ritualístico. El resto son matices y reinterpretaciones.

Aquí se nos genera una primera contradicción aparente que conviene salvar. La base del RAPMM reposa técnicamente sobre el Rito de los Modernos, y el GOdF es ciertamente insistente en la importancia de la laicidad y el trabajo humanista desde un prisma más social. Esto en cierto modo debería desproveer de armas a nuestro rito o, como se afirma desde «la otra acera» del rito, podría suponer una desvirtuación del rito.

Sin embargo, si hay algo que distorsiona la práctica espiritual y el trabajo interior es el ruido. Da igual que éste sea acústico, visual o conceptual. La conexión con uno mismo requiere de un *input* óptimo, de un equilibrio más cercano a la sencillez y la pureza de las cuales el barroquismo queda en las antípodas. Por lo tanto, es poco coherente afirmar que la austeridad del Rito Francés como herramienta de reinterpretación del RAPMM resulta desvirtuadora, más aun teniendo en cuenta que la esencia simbólica es la del Rito de los Modernos.

Así pues, como el perfeccionamiento del trabajo interior reside en el equilibrio, podemos decir que el RAPMM aporta una serie de elementos simbólicos extra a la base que el RFM propone. Algunos son préstamos del REAA, otros son de cosecha propia de aquellos que han ido cuidando del Rito a lo largo del tiempo. En general esta cosecha propia procura otorgar a los rituales una dimensión de trabajo más sutil e íntima, haciendo que el ritual, bien llevado a cabo, facilite y conecte más profundamente el espacio interior de cada uno de los participantes con esta sutilidad, este intangible que genera el trabajo interior, iniciático, individual pero desplegado en conjunto con el resto de hermanos y hermanas de la logia.

Aun así, más allá del simbolismo hay una base filosófica y un corpus esotérico decididamente divergentes de la base judeocristiana habitual de los ritos mayoritarios. Esta divergencia se hace evidente a la hora de desplegar las interpretaciones de los trabajos y conceptos simbólicos genéricos que los tres primeros grados de la masonería comprende, y a partir de estos tres en adelante, cuando la transmisión conceptual pierde su carácter simbólico y reposa más en la fábula o la evocación de un relato, este corpus se expresa progresivamente pero ya sin velos. El Rito Antiguo y Primitivo de Memphis-Misraïm, apropiadamente también llamado Rito Egipcio, bebe principalmente (y de entre otras escuelas mistéricas y esotéricas que también revisaremos) de los principios, tradiciones y escritos Herméticos. No desarrollaremos extensivamente qué es ni qué comprende el Hermetismo, pues daría para quince monográficos como el que contiene este artículo. Haremos sin embargo un repaso sucinto y veremos cuatro directrices básicas, a partir de las cuáles cada quién pueda saciar su curiosidad como mejor considere.

El hermetismo nace en la Grecia helenística como un conjunto de escritos pseudoepigráficos, es decir, escritos que pretenden simular epístolas o diálogos de un personaje relevante, en este caso Hermes Trismegisto, un gran sabio semidivino la existencia del cuál se remonta a antes del Egipto de los faraones que se relaciona directamente con el dios Egipcio Thot y que muy probablemente nunca existió. La pseudoepigrafía era un recurso muy común en la Grecia Clásica mediante el cual se buscaba conseguir diversos efectos, entre ellos una mejor aceptación de aquello escrito al «venderlo» por medio de un nombre ya reconocido. De hecho, existe la sospecha de que Pitágoras era otra figura pseudoepigráfica mediante la cual la escuela que hoy día llamamos pitagórica publicaba muchos de sus pensamientos y/o descubrimientos, pero de esto existen tantas pruebas a favor como en contra.

Estos textos atribuidos a Hermes Trismegisto eran en muchos casos escritos en forma de diálogo del Maestro Hermes con uno de sus discípulos, normalmente llamados Asclepio o Tat, o a más de uno a la vez. En ellos, Hermes explica las fuerzas de la creación, su interacción, el papel del ser humano en la misma y su relación con estos principios creadores, las mecánicas del universo, de la vida y de aquello material y no material… es, a fin de cuentas, un corpus filosófico de carácter holístico, cuya profundidad, coherencia conceptual y aparente perfección ha atraído históricamente a gran cantidad de pensadores, algunos de ellos ya mencionados en artículos previos de este monográfico como Giovanni Pico della Mirandola, que veían en esta aparente perfección del hermetismo los visos de una «Prisca Theologia», una teología primigenia, una filosofía perenne de raíz universal y por lo tanto, de naturaleza divina.

La gran cantidad de escritos, llamados «Hermética», de entre los cuáles podemos destacar el Corpus Hermeticum o la Tabla Esmeralda atrajeron también la atención más contemporánea de casi todos los grandes grupos ocultistas de los siglos XIX y XX, y esta fascinación, que ya venía de la época renacentista, combinada con la relación con la masonería que muchos de los miembros de estos grupos tenía, acabaría cristalizando en el corpus filosófico del cuál los masones que hoy practicamos el RAPMM somos herederos y depositarios.

INFLUENCIAS EXTERNAS

¿Pero qué podemos considerar propiamente masónico y qué podríamos considerar «aderezo» dentro de aquello que hoy día conforma el todo que es el Rito Antiguo y Primitivo de Memphis-Misraïm? Obviamente, este rito es un rito masónico, y por lo tanto, por definición, nada de lo que lo integra no lo es. Si una bondad ha tenido la masonería como escuela iniciática por excelencia en Occidente ha sido la capacidad de condensar y amalgamar, sin desdibujar, múltiples aportaciones de otras escuelas precedentes, deviniendo el espacio perfecto para combinar, como bien dice el título del monográfico, «Ciencia y Mística». Y no hablamos de «convivir», hablamos de «combinar». La masonería ha conservado el elemento místico que la ciencia ha dejado totalmente de lado, mientras ha sabido integrar el método y cosmovisión cientifista en su seno. Aun así, sí que podemos hablar de procedencias claras y bien definidas de algunos de los fundamentos externos a la masonería que, como decíamos, cristalizaron en el RAPMM de hoy en día más allá del Hermetismo que acabamos de ver.

Mención necesaria en primera posición resulta el nombre de Helena Petrovna Blavatsky y su Sociedad Teosófica. Esta Sociedad Teosófica, a muy grandes rasgos, defendía la idea que ya hemos explorado antes de la Prisca Theologia pero a su manera. La ST afirmaba la existencia de un conocimiento oculto o sabiduría divina, formada por verdades esenciales y que se encuentran en la raíz de absolutamente todas las tradiciones espirituales por lejanas que estás fuesen entre ellas en tiempo y/o espacio. Un enfoque muy sincrético que entronca directamente con el hermetismo y que a su vez con toda seguridad nace del mismo. La ST pretendía ser un espacio donde generar una síntesis entre religión, ciencia y filosofía. A su vez, Blavatsky también era firme defensora, entre otras cosas, de una unidad en la existencia, es decir, la creencia de que todo aquello que «es» forma parte de «el Todo», y que este todo, con cada una de sus expresiones, nace de una misma esencia divina.

Así mismo también podemos encontrar un vínculo, aunque no tan documentado y más sutil, entre el rito y Johann Wolfgang von Goethe. Quizá el vínculo en este caso es más obvio entre el pensamiento del personaje y los fundamentos ideológicos del rito. Lo cierto es que Goethe, a pesar de no estar documentada su pertenencia (y que muy probablemente no llegara a pertenecer nunca), si que frecuentó los mismos fórums de librepensamiento que otras figuras icónicas que si pertenecieron al Rito como Cagliostro o Martínez de Pasqually. Esta ósmosis intelectual se deja ver tanto en sutiles detalles del rito como en sutiles detalles de la obra literaria de Goethe, y es que como afirman las enseñanzas Herméticas, los labios de la sabiduría permanecen cerrados excepto para aquellos oídos (en este caso, ojos) capaces de entender.

Finalmente tenemos como influencia determinante a Rudolf Steiner, por su figura, sus aportaciones al rito y en general por su impacto en la Ciencia Espiritual. Padre de la Antroposofía, padre de la pedagogía Waldorf, grandísimo pensador y enamorado del Rito Egipcio. Curiosamente, su eclecticismo no está demasiado bien visto en algunos de los entornos en los que se prodigó, pero por suerte la masonería es una escuela de librepensamiento y estas suspicacias quedan un poco lejos.

Steiner fundó a principios del siglo XX una Orden dedicada al trabajo masónico bajo el Rito Antiguo y Primitivo de Memphis-Misraïm, aunque con ciertos cambios y sobre todo añadidos de otros movimientos de la época en los que Steiner estaba inmerso y relacionado, como la Rosa-Cruz, la Teosofía y puntos de encuentro claros con su propia Antroposofía. A esta Orden la llamó Mystica Aeterna. Hay una cierta cantidad de bibliografía al respecto de este proyecto-experimento de Steiner que a aquellos con intención de profundizar en los límites de la elasticidad de este rito les recomiendo repasar, a pesar de ser una lectura muy especializada, difícil de localizar y en ningún caso posible de encontrar en nuestro idioma.

ENFOQUE ACTUAL Y FUTURO DE LA R∴ L∴ PORTA DE DENDERAH N.º 84

No hace mucho, la R∴ L∴ Porta de Denderah N.º 84 celebró su quinto aniversario dentro de la Gran Logia Simbólica Española, así como también el 5º aniversario del rito dentro de esta obediencia. Con motivo de esta ocasión se celebró una Gran Tenida para conmemorar la fecha, y en ella, el pasado Venerable Maestro, así como el Venerable Maestro recién electo para el curso siguiente leyeron sendas planchas donde consiguieron resumir de manera exquisita el «de dónde venimos» y el «adónde vamos» del taller en cuando a su enfoque de trabajo interno. Recogeremos un puñado de frases muy significativas de ambos textos, ya que merecen mucho la pena:

- Las Hermanas y Hermanos de la R∴ L∴ Porta de Denderah, con el paso del tiempo y las innumerables vicisitudes que hemos tenido que vivir, nos hemos dado cuenta de la importancia de la construcción del Templo Invisible, una obra que nos trasciende a cada uno de nosotros y en la que cada uno tenemos nuestro papel y nuestra importancia, hasta el punto de que ya es el Templo Invisible quien apela y llama a los nuevos obreros.

De aquí destacan dos grandes rasgos: primero, la mención del Templo Invisible, la construcción del cuál es el símbolo por excelencia dentro de la masonería para referirnos a la alegoría del ideal de perfección humana. Aquí, el pasado Venerable Maestro se refiere al mismo en la dimensión que corresponde al Templo Invisible de la Logia. El segundo gran rasgo sería como este Templo Invisible, construido «por» y «de» la voluntad de los obreros que en él trabajan, ha adquirido suficiente peso en la conciencia común de la logia que esta ya sabe a quién atrae y a quién no.

- Algunos de los fundadores de esta logia también eran practicantes de Yoga y meditación, conscientes de que un trabajo masónico debía tener un carácter espiritual, o bien no tendría sentido destinar los esfuerzos que requiere un trabajo de estas características. No teníamos interés ni tiempo para destinarlos a una mera filantropía o a debates de tipo social o humanitario. El humanismo que queríamos era de progreso fundamentalmente en un conocimiento profundo del propio ser, que es lo único que puede permitir lo que consideramos una evolución humana realmente transformadora.

Es muy importante apuntar que en el parágrafo siguiente a esta cita se aclara que este enfoque no podía ser dogmático de ninguna forma, y que no podía basarse en ninguna fe ni autoridad de algún Maestro o iluminado, si no que debía nacer necesariamente de una búsqueda interior de conocimientos intuidos, de una experiencia subjetiva y profunda fruto del trabajo personal. Esto es, básicamente, cómo la Logia entiende la masonería en un único párrafo.

> - Bajo nuestro punto de vista, estamos asistiendo al final de la polaridad entre creyentes y no creyentes... entre la fe devota en alguna doctrina revelada y un racionalismo que tiende al literalismo y a la fe en la ciencia como paradigma de verdad.

Así como el leitmotiv de Porta de Denderah se encontraba bastante bien encapsulado dentro del parágrafo anterior, este parágrafo redactado por el V∴ M∴ Electo encapsula el leit motiv de este monográfico entero en cierta forma. La masonería egipcia como un espacio donde el sentido de la existencia se encuentra a la vez a resguardo de las recetas *ready-made* que durante tantos siglos han monopolizado la espiritualidad alrededor del mundo, a la vez que también se encuentra a resguardo del simple azar que el materialismo propugna y en el cual el alma humana no tiene cabida. Por tanto, la conjunción de este enfoque de espiritualidad en un entorno íntegramente librepensador y adogmático junto con los tiempos cambiantes que menciona la cita, hacen del espacio que el RAPMM propone un lugar de trabajo intenso para la búsqueda interior, pero a cubierto de la frialdad o la estandarización masiva.

> - Mujeres y Hombres libres, cada uno desde su grado y su oficio, colaborando conscientemente con tal de que aflore lo mejor del otro. Creando un campo magnético donde poder expresar y experimentar la mejor versión de cada uno de nosotros, para crear entre todos el Templo Invisible y que este se manifieste.

De nuevo el Templo Invisible, y es que a fin de cuentas, el trabajo en logia es un trabajo que nunca cesa, pues la masonería es un camino del que hace falta tener muy clara la meta, e igual de claro hay que tener que nunca alcanzaremos dicha meta.

EL RITO ANTIGUO Y PRIMITIVO DE MEMPHIS-MISRAÏM

La meta es el camino, y el camino es la construcción de este templo en tantas expresiones como pueda imaginar la mente de cada uno. Todas ellas serán un paso adelante en la expansión de la consciencia, que es una de las vías más claras de trabajo interior.

Y así hemos llegado hasta el día de hoy, en que el Rito Antiguo y Primitivo de Memphis-Misraïm goza de un estado de salud aceptable (es imposible tener un buen estado de salud dentro de la masonería en este país, puesto que aún queda muchísimo trabajo por hacer, o más bien por deshacer, de la herencia negra de la dictadura) y una magnífica proyección. Cada día, llamados por la necesidad de encontrar sentido a una existencia que en ocasiones podemos intuir como más grande que aquella que podríamos atribuir a la mera casualidad, más personas con una vida interior ya rica y efervescente, así como otras tantas que buscan tenerla, se acercan a las puertas de la R∴ L∴ Porta de Denderah con esta única finalidad, que es la de trabajar en ellos mismos y en su conocimiento interior, sin más añadidos, con un enfoque alejado de los hechos religiosos y científicos como dogmas, pero abrazándolos como experiencias enriquecedoras para aquellos que quieran hacerlos parte de su camino. Hay otras masonerías, pero la Egipcia representa una apuesta inequívoca del iniciado por el trabajo intenso en sí mismo, perdiendo en ocasiones un poco de perspectiva de enfoque externo, pero pudiendo verter su paulatinamente nuevo «yo» hacia este enfoque externo de una manera mucho más holística que no la del trabajo puntual y enfocado. Y este es el trabajo que la R∴ L∴ Porta de Denderah ha decidido llevar a cabo. ⚒

Joan Fonts i Vives

Iniciado el año 1995 en la R.L. Harmonía del O.M.M.I. «Le Droit Humain» en Barcelona y exaltado al grado de Maestro el año 2000 en la R.L. Canigó del «Gran Orient de Catalunya» en Girona, ha sido miembro de la Sociedad Teosófica y posteriormente de la Sociedad Antroposófica, manteniendo estudios sobre filosofía oriental, interculturalidad y religiones comparadas y ejerciendo como profesor de yoga desde hace más de 25 años. Actualmente es integrante de la R.L. Porta de Denderah n.º 84 (G.L.C.B. – G.L.S.E.) ostentando el oficio de Venerable Maestro y es miembro del Supremo Consejo Masónico de España.

LA INICIACIÓN CONTEMPORÁNEA

Joan Fonts i Vives

Como epílogo al ciclo sobre Ciencia y Mística, queremos aportar algunas pinceladas sobre el momento que vive la iniciación en el mundo actual, no como un hecho ya dado, sino como un fenómeno por acontecer, poniendo de relieve el paradigma de libertad e interculturalidad que el tiempo presente requiere, a fin de integrar la diversidad en la unidad, el mundo y la conciencia.

En estas líneas vamos a observar algunos aspectos de los modelos aparentemente opuestos entre tradición y contemporaneidad, o más exactamente entre la iniciación Tradicional y la iniciación Contemporánea.

LA INICIACIÓN CONTEMPORÁNEA

Como ya es conocido, la iniciación tradicional se fundamenta en la relación entre el adepto y el Maestro. Un Maestro que, siendo un ser realizado, poseedor de los secretos arcanos de la existencia y conocedor de la verdad ultima, tiene la capacidad de transmitir ese conocimiento vivencial a sus discípulos.

Todos conocemos que, en la India, a un Maestro de estas características se le denomina Gurú. En el budismo tibetano encontramos cierta analogía con los Rimponches o Tulkus, que se consideran encarnaciones de seres liberados. En la versión cristiana, más institucionalizada, tendríamos al sumo pontífice, al papa de Roma o a los patriarcas de las iglesias bizantinas, que afirman que su linaje proviene del propio Jesucristo.

Con ello, podríamos hacer una primera distinción entre aquellos que representan la tradición desde una perspectiva más externa u ortodoxa, que podemos denominar como exotérica, de aquellos que presentan su sabiduría trascendente por caminos menos convencionales, la tradición oculta, que denominamos esotérica. No obstante, una cuestión común que caracteriza al tradicionalismo, es la necesidad de demostrar que el conocimiento proviene de un linaje reconocido e ininterrumpido, de Maestro discípulo, desde el primer Maestro... Ya sea éste, Thot, Hermes, Pitágoras, Melquisedec, Moisés, Jesucristo, o el profeta Muhammad... Es obvia la dificultad para poder demostrar esta cadena y vemos que las más diversas escuelas se afanan por defender su legitimidad esgrimiendo las más variadas «pruebas» de autenticidad, muchas veces recurriendo a documentos que, en este contexto podríamos calificar de «modernos», aunque tengan más de un siglo... En definitiva, podemos observar que hay una voluntad de perpetuar cierta tradición, que en el mejor de los casos es muy parcial y tristemente en demasiadas ocasiones, acaba siendo fundamentalmente fabulada.

En este contexto, ante la imposibilidad de encontrar unas bases bien arraigadas en la tradición occidental, muchos buscadores tradicionalistas han indagado en las escuelas orientales, ya sea en el oriente medio, especialmente en la rica tradición sufí, o en el subcontinente indio, por medio de la infinidad de sectas que pueblan el Sanatana Dharma, o más al oriente, en las diversas variantes del budismo o el taoísmo. Y he aquí, que con esta búsqueda nos encontramos frente a un nuevo paradigma que marcara la era contemporánea, el encuentro de la polaridad oriente y occidente.

LA INICIACIÓN CONTEMPORÁNEA

A lo largo de este ciclo de conferencias, hemos podido ver cómo la tradición esotérica occidental se quiere desvelar en el período que denominamos Renacimiento y que para ello precisa de los antiguos textos herméticos, desaparecidos con la caída de Alejandría y que parecen sobrevivir, aunque de forma fraccionada, en traducciones al árabe o al hebreo, que son traducidos al latín, a fin de ser utilizados por las élites culturales italianas.

Hemos visto como esta efervescencia de las ciencias ocultas, principalmente la alquimia, la cábala, la magia y la astrología, apadrinadas por figuras como Ficino y Pico della Mirandola, influyeron enormemente en el arte y la ciencia del momento, pero que finalmente quedaron ahogadas por el poder de la curia romana, encabezadas por personajes tan histriónicos como el dominico Savonarola y sus «hogueras de vanidades», donde fueron consumidas por el fuego gran cantidad de obras de la literatura y el arte, al ser consideradas «impropias». Paradójicamente su extremismo se le volvió en contra y fue condenado a la hoguera, por la osadía de apuntar contra el propio Pontífice, pero eso es otra historia...

Siguiendo el relato de la restauración hermética, vemos que el movimiento oculto adquiere un nuevo impulso en el marco de los manifiestos rosacruces a principios de 1600, que tendrá una gran influencia en el pensamiento que más adelante denominaremos como «Ilustración». Es justo este período el que hemos podido investigar con más detalle a lo largo del ciclo «Ciencia y Mística» y donde ha quedado patente que el inicio de la ciencia, que llamamos moderna, es inseparable de una mirada mística de la realidad. También hemos ido viendo cómo ese conocimiento más intrínseco u oculto va quedando completamente desterrado por una rabiosa racionalidad que menospreciando la mirada interior del ser humano, logra imponer un mundo literal y plano. Una mirada completamente materialista, incapaz de ver bajo el velo que se ha autoimpuesto, quizás por el miedo a tener que reconocer que la realidad es mucho más sutil y compleja de lo que la fría racionalidad es capaz de admitir.

El 14 de julio conmemoramos que, en el 1789, cayó el Antiguo Régimen y se produjo la toma de la Bastilla de París, hecho que dio lugar a la proclamación de la República y a la declaración de los derechos del Hombre. El fin de la monarquía, junto con la declaración de independencia de Estados Unidos y la victoria independentista de las naciones hispanoamericanas, es el hito considerado internacionalmente como el inicio de la edad contemporánea. Son muchas las victorias producidas en estos más de doscientos años de lucha por el «Progreso de la Humanidad». El fin de la esclavitud, la alfabetización de la población, la emancipación de la mujer, el avance de la democracia... y a la vez, vemos como todavía queda mucho por hacer, como a cada paso que hacemos hacia delante, las fuerzas reaccionarias siguen obligándonos a dar dos hacia atrás.

Desde la modernidad, que estas fuerzas opositoras y retrogradas, adquieren dos aspectos polares. Por un lado, las fuerzas conservadoras, que se aferran a unos tiempos pasados muy idealizados, generalmente con el anhelo de preservar una sociedad puritana, dirigida por iglesias omnipotentes o por elites iniciáticas ocultas, y por el otro, un cientifismo materialista y ateo, que enarbola el nihilismo hedonista y el azar como todo horizonte plausible, secando con ello toda posibilidad de integrar la experiencia sacra en el mundo moderno.

Así llegamos frente a un poderoso movimiento de reacción, que a caballo del siglo XIX y XX, despierta el encuentro entre el este y el oeste. Aquel contacto fecundo, da lugar en diversos autores a la investigación y a la fascinación por oriente. En algunos casos trabajos de carácter tradicionalista, como el de René Guénon, que después de realizar una investigación exhaustiva de las diversas tradiciones de oriente y occidente, y de desarrollar una crítica feroz a la civilización moderna, se adhiere al islam y se retira a Egipto. En su polo opuesto se despliega el movimiento teosófico protagonizado por H. P. Blavatsky, que, tras un gran éxito inicial, va ganando detractores en diversos ámbitos de la cultura. Por un lado, debido la dificultad de poder comprender el origen y significado de sus sofisticadas enseñanzas, y por otro la tendencia «orientalizante» que tanto miedo desata en algunos pensadores europeos de principio de siglo. Como ejemplo, paradigmático tenemos el caso de Rudolf Steiner, que después de largos años encabezando la Sociedad Teosófica en los países de habla alemana, decide escindirse en un movimiento «estrictamente cristiano y occidental» que bautizara como Sociedad Antroposófica y donde desarrollara su Ciencia Espiritual.

LA INICIACIÓN CONTEMPORÁNEA

René Guénon - H. P. Blavatsk - Rudolf Steiner.

Desde el otro lado del tablero, tenemos a Swami Vivekananda que, en 1893, en el marco del Parlamento Mundial de las religiones de Chicago, ofrecerá la famosa conferencia sobre el Dharma de la India y el dialogo interreligioso. Este encuentro es considerado como el hito inaugural del pensamiento intercultural. Todo un movimiento que a lo largo del siglo XX ha tenido protagonistas tan destacados como Ravindanat Tagore, Sri Aurobindo, Swami Yogananda, Jiddu Krisnamurti, o el indo-catalán universal, Raimon Panikkar, todos ellos desarrollando un pensamiento propio, a partir de la relación entre el pensamiento oriental y occidental, creando puentes de integración y mutua comprensión de lo que hemos venido a llamar la Sabiduría Perenne.

Jiddu Krisnamurti - Sri Aurobindo - Swami Vivekananda

También desde Japón llego el Zen. Con Taisen Deshimaru a Europa y con Daisetsu Teitaro Suzuki a los Estados Unidos, mientras que la escuela de Kioto con Kitaró Nishida, Tanabe o Nishitani abren la filosofía japonesa al pensamiento alemán, ofreciendo contribuciones muy significativas de la profunda fecundidad entre oriente y occidente.

LA INICIACIÓN CONTEMPORÁNEA

Daisetsu Teitaro Suzuki - Taisen Deshimaru - Kitaró Nishida

Con todo lo hasta aquí apuntado ya podemos vislumbrar las dificultades que la iniciación tradicional nos ofrece. Por un lado, debido a la falta de continuidad de los linajes de la tradición esotérica occidental y la cosificación de las iglesias, y por el otro, por la gran dificultad como occidentales, de poder insertarse de forma plena en unas tradiciones que resultan tan exóticas y ajenas a nuestra mentalidad y cultura.

En este marco surge el muy aclamado Círculo Eranos, que aparece como culminación de los más variados encuentros entre pensadores influenciados por los círculos intelectuales del romanticismo alemán, que pretenden desarrollar una cosmovisión integradora entre oriente y occidente, entre la tradición oculta i la academia moderna.

Personalidades tan destacadas como Rudolf Otto, Joseph Campbell, Mircea Eliade, Henri Corbin, Gustaf Jung o Jean Gebser... comparten y nos ofrecen el resultado de sus investigaciones, plantando con ello la semilla del trabajo intercultural e interdisciplinar contemporáneo.

  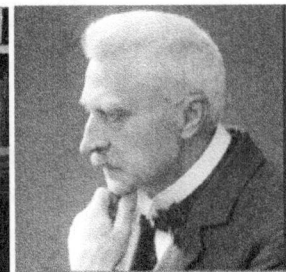

C. Gustaf Jung - Jean Gebser - Rudolf Otto

LA INICIACIÓN CONTEMPORÁNEA

Es en ese sentido que, más allá de aquellas pocas personas que todavía puedan encontrar sincero cobijo en las fórmulas tradicionales ortodoxas que caracterizan el pasado. No nos queda otra opción que mirar hacia un futuro, que necesariamente conllevará una verdadera integración transdisciplinar y transcultural de la iniciación espiritual, que en ninguna medida podrá estar subyugada por el pensamiento materialista, que pone su fe, en la biotecnología, la cibernética y la inteligencia artificial. Ante estas fuerzas opositoras, el proceso que el desarrollo de la conciencia demanda, cada vez de forma más imperativa, es la necesidad de cultivar un pensamiento verdaderamente libre. Que no esté mediatizado por ningún dogma, por ninguna creencia predeterminada, ni por ninguna autoridad, más allá de aquello que la propia conciencia determine en cada momento. Lo que en ningún caso significa que no pongamos en valor las enseñanzas que nos han precedido, muy al contrario, requiere un discernimiento incrementado para poder valorar lo positivo que podemos encontrar en cualquier pensador, independientemente de la época, raza, nación, religión, ciencia o arte que profese y de poder confrontarlo con nuestra propia experiencia y pensar.

Este progreso interior desarrollado desde la libertad, es una tarea personal e intransferible y, sin embargo, esto no significa que sea una tarea que necesariamente debamos hacer siempre en soledad. Justamente logias como la que coordina este ciclo, no tienen otra tarea, que la de ser un Taller de Conciencia. Un Taller de Conciencia comprometido a que las prácticas y enseñanzas que proponemos conformen un corpus coherente, ordenado y progresivo, que permita un descubrimiento libre y personal del arte y la ciencia espiritual, fundamentada en la tradición perenne, sin prejuicio alguno, sobre su origen, ya sea este oriental u occidental, y por encima de todo, abordado desde una perspectiva completamente a dogmática y por ello, verdaderamente contemporánea.

Nuestros trabajos se abren «A la Gloria del Sublime Arquitecto de los Mundos» y al «Progreso de la Humanidad». El primer término, característico del Rito Antiguo y Primitivo de Menfis-Misraïm (R.A.P.M.M.), hace referencia a la inteligencia generadora de la existencia, sin ningún intento de definir su esencia final, pudiendo ser observada, des de una perspectiva no dualista, panenteísta o teísta, por poner algunos ejemplos, sin que por ello se generen polaridades contradictorias, más allá de una sana dialéctica constructiva que permita desarrollar un pensamiento vivo.

Asimismo, en consonancia con la orientación hermética, característica del Rito Egipcio, entendemos que el mundo físico es reflejo, manifestación, condensación o cosificación del mundo espiritual. Es en este sentido que los practicantes del R.A.P.M.M. no podemos considerarnos ni ateos, ni materialistas. Otro concepto, característico de la tradición masónica, es «El Progreso de la Humanidad», que hace referencia a la capacidad de desarrollo del ser humano al servicio de la sociedad, en su progreso compartido. En este sentido, nuestros trabajos tienen una clara orientación progresista, pues buscan la soberanía personal, en el marco de una responsabilidad social, siempre en equilibrio con los elementos de la naturaleza.

Posiblemente estas descripciones marcan los rasgos generales que caracterizan nuestra logia, sin embargo, uno de los objetivos más ambiciosos, es que el latido del compromiso común hacia el desarrollo se pueda expresar desde cada particularidad, en un marco de verdadera confianza fraternal y en completa libertad, sólo sujeta, en el transcurso del tiempo aparente, por los designios que nos marca el método masónico y el propio ritual, siempre subordinado a los ritmos del Cosmos.

Nuestro objetivo es contribuir, en la medida de nuestras capacidades, para que mujeres y hombres libres, puedan colaborar conscientemente, cada uno desde su grado, y su oficio, en que aflore lo mejor que el otro lleva dentro, viendo y siendo vistos, escuchando y siendo escuchados. En definitiva, comprometerse para facilitar un campo magnético seguro donde poder expresar y experimentar la mejor versión de cada uno, a fin de crear entre todos el marco más adecuado posible para que el Templo Invisible que está por venir se manifieste en benefició de todos. ⚒

C. G. Jung y Henry Corbin

Uno de los clásicos más importantes de la masonería de todos los tiempos
en edición impresa facsimilar en tapa dura de 880 páginas.

Organiza:

RESPECTABLE
LÓGIA PORTA
DE DENDERAH

Colaboran:

MASONICA

BIBLIOTECA
PÚBLICA
ARÚS

. . .
ciclo de conferencias
enero - junio 2023
. . .
**cuatro siglos de
intelectualidad y
tradición iniciática**
. . .
portadedenderah.com
. . .

· · · cienciaymística

LA RESPETABLE LOGIA PORTA DE DENDERAH

Organizadora del ciclo de conferencias «CIENCIA Y MÍSTICA» en la Biblioteca Arús de Barcelona

Juan Almirall
(Coordinador)

La n.º 84 del Registro de Logias de la Gran Logia Simbólica Española, fue refundada en el año 2018, en el momento de su ingreso en la Gran Logia. Proveniente de los Soberanos Santuarios y Grandes Logias que practican el Antiguo y Primitivo Rito de Menfis Misraim en España, el grupo de fundadores pese a seguir los rituales tradicionales del rito quiso explorar los restos que habían sobrevivido de la versión utilizada por el Dr. Rudolf Steiner en su Capítulo Místico Mystica Aeterna. Pero pronto se dieron cuenta de que dichos rituales no eran fácilmente realizables, pues estaban muy vinculados a la teatralidad y tendencia artística del movimiento teosófico alemán y a la Ciencia Oculta, la obra capital de R. Steiner, lo que los hacía muy difíciles de llevar a cabo, sobre todo en lo relativo a los trabajos en tenida magna de iniciación, aumento de salario y exaltación a Maestro Masón.

LA RESPETABLE LOGIA PORTA DE DENDERAH

La regularidad de los trabajos se impuso al grupo de fundadores de la R.L. Porta de Denderah, que acabó solicitando su incorporación en la Gran Logia Simbólica Española, Obediencia mixta, al igual que lo era la Logia. Inicialmente no era posible la incorporación pues dicha Obediencia no tenía la carta patente del Rito Antiguo y Primitivo de Menfis Misraim. Por lo que los miembros de la R.L. Porta de Denderah solicitaron del Gran Consejo de la Obediencia que pidieran la patente del Rito al Gran Oriente de Francia. El GOdF. desde hacía algunos años había vuelto a reactivarlo en su seno, para acoger a Hermanos y Hermanas afines a este Rito, el más Hermético y cercano al Ocultismo de la francmasonería. No fue hasta el año 2018 que el Gran Maestre de la Gran Logia Simbólica Española consiguiera la carta patente, después de valorar muy positivamente la introducción de nuevos Ritos en la Obediencia. En ese preciso año el Gran Oriente de Francia dio las cartas patente de los Ritos de Emulación y el Antiguo y Primitivo Rito de Menfis Misraim a la Gran Logia Simbólica Española, que pudo adherir a la R.L. Porta de Denderah y acoger a todos sus miembros en la Obediencia. Así es como comenzó la historia del Rito en esta Obediencia de la mano de nuestra Logia, que no ha detenido sus trabajos en estos cinco últimos años, viendo como sus columnas han ido creciendo y madurando. Algún recuerdo conserva de su etapa de exploración del Rito Teosófico de Rudolf Steiner, sobre todo en lo referente a su inspiración a la hora de trabajar una masonería con un marcado acento espiritual. En el siglo XXI donde técnicas orientales como son el Yoga y la Meditación dominan la espiritualidad de Occidente, la masonería y su método tiene mucho que aportar, en su comprensión del alma humana y sus desarrollos, sin dogmatismos y en un plano de igualdad y libertad individual, tal vez los valores más grandes de nuestra espiritualidad moderna.

Y entre los trabajos que la R.L. Porta de Denderah quería llevar a cabo se encontraba un ciclo de conferencias sobre el nacimiento de la masonería moderna junto a los primeros pasos de la Ciencia moderna. El mejor escenario para ello era sin duda la Biblioteca Pública Arús de Barcelona. Fundada por disposición testamentaria del activista y francmasón Rosendo Arús en el año 1887, que encarga a Valentín Almirall y a Antoni Farnés la creación de la Biblioteca para albergar sus colecciones de libros sobre masonería y sobre los Movimientos Sociales del siglo XIX, un fondo inicial de veinticuatro mil volúmenes, que abrió sus puertas en la ciudad condal en el año 1895. La biblioteca cerró en el año 1939 durante la llegada al poder del franquismo, pues su fondo principal chocaba con los ideales del régimen. Sin embargo, gracias a la discreción de sus gestores, la biblioteca pudo sobrevivir a dicha etapa oscura y reabrir sus puertas en el año 1967. Comenzará a volver a nutrir sus fondos tras la caída del Franquismo a partir del año 1975. La Biblioteca ha sido un referente para la ciudad de Barcelona, conservando el estilo de un período brillante de la ciudad y con su emblemática estatua de la Libertad, *Alma Libertatis*, en la entrada, recibiendo a lectores e interesados en el sinnúmero de actividades que se celebran en la misma.

En el año 2007 destacó un ciclo de conferencias llevado a cabo por la Fundación Rosacruz con el título Imágenes del Cosmos, filosóficas y Renacentistas, acompañada de una exposición, en la que participaron varios doctores de diversas Universidades, entre los que destacaba el Dr. Carlos Gilly o el Dr. Josep Montserrat. En este interesante ciclo de conferencias se expusieron diferentes visiones del cosmos de la antigüedad clásica, la visión de Aristóteles, Platón, el Gnosticismo, el Hermetismo y la visión Paracelsiana y Rosacruz. A este ciclo histórico siguió otro sobre imágenes modernas del cosmos, y vimos por primera vez en Barcelona a miembros de la Sociedad Teosófica, Antroposófica y movimientos rosacruces juntos exponiendo las cosmovisiones de autores como son Mme. Blavatsky, el Dr. Rudolf Steiner, Max Heindel o Jan van Rijckenborgh. Este ciclo de conferencias y otros muchos que le siguieron en la Biblioteca Pública Arús, dejaron el poso para que en los pasados meses de enero a junio de 2023 se celebrase el ciclo de conferencias «Ciencia y mística» por parte de la Respetable Logia Porta de Denderah.

Con el ciclo de conferencias bajo el título «Ciencia y mística» los miembros de la Respetable Logia Porta de Denderah y diferentes conferenciantes, han querido mostrar el origen de las ideas y los rituales de la francmasonería moderna. Para ello hay que comenzar por cuestionar el origen tradicional de la Orden en el año 1717 en el cual se fundó la Gran Logia de Londres y Westminster, y echar una mirada a las ideas y movimientos culturales del siglo XVII, que fueron claves para el desarrollo de la ciencia moderna. A principios de dicho siglo, la Casa de los Estuardo, originaria de Escocia, se sienta en el trono de Inglaterra, Irlanda y Escocia, tras la muerte de Isabel I Tudor. Jacobo I Estuardo es comparado en varias ocasiones con el rey Salomón, intelectual, sabio y prudente, durante su reinado Londres es considerada la nueva Jerusalén y la Catedral de San Pablo su Templo. Restaurada por el arquitecto real Íñigo Jones, que también restaura el Palacio Real de Whitehall, tiene como referente los libros de arquitectura de Vitrubio y los imaginarios diseños del Templo de Salomón de Juan Bautista Villalpando, cuya obra circulaba por Inglaterra en aquella época. Durante su reinado veremos eclipsarse al matemático, astrólogo y mago John Dee, favorito de la reina Isabel I, y brillar a una nueva e importante figura Sir Francis Bacon, Lord Verulam, autor del *Novum organum* (1620), una obra donde se propone un nuevo método científico, basado en la experimentación y la inducción lógica de conclusiones sobre lo observado. La Sabiduría, la Ciencia, Londres como la nueva Jerusalén, su Catedral como el Templo de Salomón, son ideas que se fraguan durante el reinado de Jacobo I y quedan asociados a su dinastía, que vivirá diferentes tribulaciones, entre otras, la decapitación de su sucesor Carlos I en el año 1649 por mandato del Parlamento, y que luego instauró la República parlamentaria, la Old Commonwealth.

En 1660 Carlos II Estuardo es restaurado en el trono y el mismo año otorga patente real a la Royal Society, la primera sociedad científica de la historia, por la que desfilarán importantes personalidades de la Ciencia moderna, de entre la que destacamos al filósofo natural y teólogo Robert Boyle. Este científico formula una ley sobre los gases fruto de un experimento con el invento de una bomba de aire. Máquinas e invenciones son dos de las herramientas fundamentales para la nueva Ciencia, que experimenta un importante avance en el siglo XVII, pero que también apasionaron a los magos, astrólogos y alquimistas del Renacimiento.

Una de las cosas que hemos querido mostrar a lo largo de este ciclo es la importancia que para el desarrollo científico tuvo la Filosofía Hermética. Recuperada durante el Renacimiento, tuvo un siglo antes, el siglo XVI su mayor expansión, de la mano de grandes pensadores que vieron en ella una filosofía alternativa al pensamiento de Aristóteles, dominante en la Universidad. La autoridad de Aristóteles en la Física y la Astronomía, así como en la Teología, comenzará a ser cuestionada por los Humanistas del Renacimiento que recuperan a Platón, Hermes Trismegisto y el Neoplatonismo. La Alquimia, la Astrología y la Magia ceremonial serán las

tres disciplinas básicas de la Filosofía Oculta de estos filósofos neoplatónicos y herméticos. La importancia que el Hermetismo tuvo para los primeros pasos de la Ciencia moderna lo demuestra, por ejemplo, el que Copérnico en su *De revolutionibus orbium coelestium* citará a Hermes
Trismegisto como filósofo que daba una preeminencia y centralidad al
sol. Algunos de los copernicanos serán también filósofos herméticos, como es el caso de Giordano Bruno, que defiende la infinitud del universo.

El siglo XVII comienza con la quema en la hoguera de Giordano Bruno
de la mano de la Inquisición romana. Continúa con la aparición en 1604
de una Supernova de la que Johannes Kepler da testimonio en su obra *De
stella nova* y de la que también se hacen eco los rosacruces alemanes en la
Fama Fraternitatis. En el año 1614, 1615 y 1616 se publican sucesivamente
los tratados rosacruces la *Fama Fraternitatis*, la *Confessio Fraternitatis* y
Las Bodas Químicas de Christian Rosacruz. Estas tres obras de clara
orientación hermética, revolucionan la intelectualidad de principios del
siglo. Muchas personas publican respuestas a la misteriosa Fraternidad
Rosacruz, algunas en defensa y otras en contra. Lo que plantean estos textos no es otra cosa que la formación de una fraternidad de sabios dispuestos a compartir sus conocimientos para el progreso de la humanidad, pero es muy evidente su vinculación con la Filosofía Oculta hermética y alquímica.

Esta idea iluminó el siglo XVII, y como consecuencia de ella veremos
aparecer diversos textos que fantasean con una sociedad gobernada por
los sabios y filósofos abiertos a una nueva Ciencia. Estas obras toman la
forma de utopías, sociedades ideales en alguna isla del Nuevo Mundo,
como la descrita en la obra *Cristianopolis* de Johannes Valentin Andreae,
uno de los autores de los manifiestos rosacruces y gran intelectual de
principios de siglo; *La ciudad del sol* de Tommaso Campanella, intelectual influenciado por la obra de Galileo y la obra póstuma *Nueva Atlan-
tida* de Sir Francis Bacon. En esta última, la sociedad que gobierna la República se llama precisamente la Casa de Salomón. Es inevitable establecer conexiones con otro fenómeno que estará muy vinculado a la aparición de la Nueva Ciencia y las sociedades utópicas, la francmasonería,
una Fraternidad Internacional de constructores del Templo de la Sabiduría, de la que hoy se tienen suficientes pruebas de su existencia ya en el
siglo XVII, en la época de la restauración de los Estuardo en el trono de

Inglaterra, familia que como hemos dicho estaba asociada al rey Salomón, a Londres como la Nueva Jerusalén, su Catedral de San Pablo como su Templo. Esta Francmasonería vinculada a los Estuardo viajará a Francia tras el destronamiento de Jacobo II, el último rey de la dinastía y su sucesor Jacobo III, llamado el Caballero de San Jorge afincado en Roma, cuyos partidarios en el exilio formaran el movimiento jacobita tan importante para la francmasonería llamada Escocesa que se despliega en Francia y en toda la Europa continental, completamente independiente la francmasonería inglesa vinculada a la Gran Logia de Londres y Westminster, más tarde la Gran Logia de Inglaterra, surgida en 1717.

Pero el intento de formar una sociedad utópica data de los años que siguieron a la llamada para una Reforma General de los Saberes de los rosacruces. Johannes Valentin Andreae intentó formar diferentes sociedades cristianas tras la aventura de los rosacruces que no se había concretado en nada tras la *Fama*. Y es que en 1618, cuatro años más tarde, comienza la Guerra de los Treinta Años que asola Europa central, principalmente los lugares por donde la Rosacruz había despertado mayor interés.

El testigo lo tomará Jan Amos Comenius, gran admirador de Andreae, que intentará continuar con la Reforma General pero poniendo el acento en la Pedagogía, una didáctica que debe poder abordar todos los Saberes, a los que llama Pansofía. Comenius visita Inglaterra invitado por Samuel Harlib otro intelectual influenciado por Bacon, que organiza reuniones de un círculo de científicos y sabios multidisciplinares, siguiendo el programa de los rosacruces y de la *Nueva Atlántida* de Bacon. Hartlib es amigo de Robert Boyle y disfruta de cierta influencia durante el período de la República Parlamentaria de la Commonwealth. Parece que Boyle se refirió a su círculo intelectual con el nombre del Colegio Invisible, una clara alusión a los rosacruces. Este mismo científico se encontrará entre los fundadores en el año 1660 de la Royal Society, que se reunieron por primera vez en el Gresham College de Londres.

Entre los fundadores de la institución más reputada de la Ciencia moderna se encuentra Sir Robert Morey, escocés allegado del rey Carlos II Estuardo, restaurado en el trono aquel mismo año y gracias al cual la organización científica recibe el patrocinio y la protección real. Sir Robert Morey se cuenta junto con Elías Ashmole entre los dos primeros francmasones afiliados a una Logia. Morey a una Logia de Edimburgo, Elias

Ashmole, miembro de la Royal Society, alquimista, autor de una de las respuestas a la *Fama Fraternitatis* pidiendo la afiliación a la Orden de la Rosacruz, e iniciado en una Logia de Warrington en el condado de Lancashire. Ambos personajes fueron además fieles lealistas partidarios de la restauración de la Casa Estuardo en el trono de Inglaterra, Escocia e Irlanda.

Hemos visto también en el ciclo la importancia que tendrá el símbolo de la Rosacruz para la francmasonería del siglo XVIII, concretamente con la aparición del Caballero Rosacruz, un grado masónico muy relevante y controvertido de diversas escalas de grados filosóficos, que estaba presente en la masonería Escocesa y en la Real Orden de Escocia, de la que se traslada a los grados escoceses a mediados de dicho siglo. El grado Rosacruz pese a no estar muy conectado con las ideas del programa de los manifiestos rosacruces, se vincula a la Alquimia, el Arte Hermético que comienza a cuestionarse por la ciencia moderna, pero que se mantiene como una idea espiritual en la masonería, en algunos grados como el Caballero Rosacruz o el Caballero del Sol, clave de la masonería Escocesa.

A finales del siglo XIX veremos aparecer un nuevo fenómeno que intentará suplir las limitaciones de la ciencia experimental basada únicamente en la observación de fenómenos perceptibles, aunque sea a través de distintas máquinas e invenciones como son el telescopio o el microscopio, que amplían nuestro campo de percepción, pero que limitan la experimentación científica a lo perceptible por los sentidos, creando una nueva cosmovisión materialista. La reacción ante el materialismo decimonónico procede del movimiento esotérico que propondrá una Ciencia Espiritual, el Ocultismo, que presenta la Teosofía de H.P. Blavatsky, autora de la Doctrina Secreta y su continuador el Dr. Rudolf Steiner. Ambos autores tienden un puente entre Oriente y Occidente, donde recuperarán el pensamiento antiguo, tanto de la Filosofía Hermética como de los textos tradicionales de la India, proponiendo la aplicación del método científico a la experiencia suprasensible y subjetiva.

El ciclo terminó presentando las razones por las cuales la Respetable Logia Porta de Denderah escogió el Rito Antiguo y Primitivo de Menfis Misraim para su trabajo masónico en la actualidad, que pese a sus innumerables tribulaciones y transformaciones, ha sido el rito que mejor ha conservado la herencia Hermética en el seno de la francmasonería. Vincu-

lándose con esta antigua tradición, recuperada por el Humanismo renacentista, asociada al origen de la Ciencia moderna en sus inicios y que finalmente se conserva en su esencia espiritual más profunda, como una
herramienta para la búsqueda y comprensión del mundo interior del alma y la mente, de gran utilidad para el objetivo que la francmasonería
contemporánea puede ofrecer a los buscadores de la Verdad y del Espíritu Humano. ⚜

NÚMEROS Y TEMAS ANTERIORES

(todos disponibles a la venta en papel y en formato digital)

CULTURA MASÓNICA N.º 1 | Los documentos antimasónicos
CULTURA MASÓNICA N.º 2 | El Rito Francés: mitos y realidad
CULTURA MASÓNICA N.º 3 | masones y cristianos
CULTURA MASÓNICA N.º 4 | masonería y literatura
CULTURA MASÓNICA N.º 5 | masonería y mujer
CULTURA MASÓNICA N.º 6 | masonería y filosofía
CULTURA MASÓNICA N.º 7 | El Derecho Humano. Orden Mixta Internacional
CULTURA MASÓNICA N.º 8 | masonería y música
CULTURA MASÓNICA N.º 9 | El Rito Escocés Antiguo y Aceptado
CULTURA MASÓNICA N.º 10 | masonería y nuevas tecnologías
CULTURA MASÓNICA N.º 11 | masonería y religión
CULTURA MASÓNICA N.º 12 | La Francmasonería y la Constitución de Cádiz
CULTURA MASÓNICA N.º 13 | El método masónico
CULTURA MASÓNICA N.º 14 | masonería y política
CULTURA MASÓNICA N.º 15 | El Gran Oriente de Francia
CULTURA MASÓNICA N.º 16 | Especial Daniel Beresniak
CULTURA MASÓNICA N.º 17 | Rito de Emulación
CULTURA MASÓNICA N.º 18 | masonería egipcia
CULTURA MASÓNICA N.º 19 | I República Española y masonería
CULTURA MASÓNICA N.º 20 | El corazón cívico y simbólico del Rito Escocés
CULTURA MASÓNICA N.º 21 | masonería en el 7º Arte
CULTURA MASÓNICA N.º 22 | Ceremonias masónicas
CULTURA MASÓNICA N.º 23 | Martinismo y masonería
CULTURA MASÓNICA N.º 24 | El futuro de la masonería
CULTURA MASÓNICA N.º 25 | masonería e Ilustración
CULTURA MASÓNICA N.º 26 | Supremo Consejo del grado 33 y último del Rito Escocés
Antiguo y Aceptado para España

CULTURA MASÓNICA N.º 27 | Heterodoxia masónica

CULTURA MASÓNICA N.º 28 | Trescientos años. Reflexiones

CULTURA MASÓNICA N.º 29 | Oficios de la logia

CULTURA MASÓNICA N.º 30 | Selección 30 ensayos

CULTURA MASÓNICA N.º 31 | Cábala en la vivencia masónica

CULTURA MASÓNICA N.º 32 | La sabiduría divina, encuentros de masonería y teosofía

CULTURA MASÓNICA N.º 33 | Templarismo y masonería

CULTURA MASÓNICA N.º 34 | Marxismo y masonería

CULTURA MASÓNICA N.º 35 | Arte & Arte Real

CULTURA MASÓNICA N.º 36 | masonería y feminismo

CULTURA MASÓNICA N.º 37 | Alquimia, una vía espiritual y hermética
de la tradición masónica

CULTURA MASÓNICA N.º 38 | La Iniciación I

CULTURA MASÓNICA N.º 39 | La Iniciación II

CULTURA MASÓNICA N.º 40 | Los rosacruces

CULTURA MASÓNICA N.º 41 | Sustratos ideológicos de la masonería y el esoterismo
moderno

CULTURA MASÓNICA N.º 42 | Huellas masónicas en la cultura universal

CULTURA MASÓNICA N.º 43 | Maestro masón. El tercer grado

CULTURA MASÓNICA N.º 44 | La conciencia. Trascendencia, evolución
e interpretación en la masonería.

CULTURA MASÓNICA N.º 45 | Autores contracorriente de la masonería.

CULTURA MASÓNICA N.º 46 | El Gran Arquitecto del Universo

CULTURA MASÓNICA N.º 47 | El Arco Real

CULTURA MASÓNICA N.º 48 | Formación. La difícil estructura pedagógica
de las órdenes iniciáticas

CULTURA MASÓNICA N.º 49 | masonería. Mito y mitología

CULTURA MASÓNICA N.º 50 | Cincuenta números de investigación histórica: rigor,
objetividad y constancia

CULTURA MASÓNICA N.º 51 | Compañero masón, el 2º grado de la masonería
simbólica

CULTURA MASÓNICA N.º 52 | La palabra perdida. Simiente de sugerencias simbólicas

CULTURA MASÓNICA N.º 53 | El templo y la logia

CULTURA MASÓNICA N.º 54 | El Venerable Maestro

CULTURA MASÓNICA N.º 55 | Después del grado de Maestro: ALTOS GRADOS

Este número de la revista
C U L T U R A   M A S Ó N I C A
terminó de componerse en las colecciones
de la editorial MASONICA® en el día
21 de diciembre del año 2023.